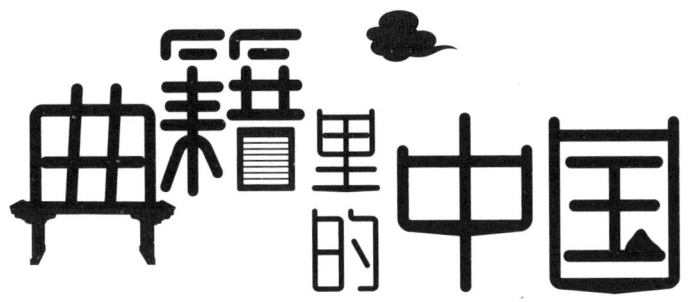

文人圣贤

有书 编著

天地出版社 | TIANDI PRESS

图书在版编目（CIP）数据

典籍里的中国.文人圣贤 / 有书编著. — 成都：天地出版社，2022.1（2024.11重印）
 ISBN 978-7-5455-6620-8

Ⅰ.①典… Ⅱ.①有… Ⅲ.①文化—名人—列传—中国—古代 Ⅳ.①K820.2

中国版本图书馆CIP数据核字（2021）第213264号

DIANJI LI DE ZHONGGUO · WENREN SHENGXIAN
典籍里的中国·文人圣贤

出品人	杨　政
作　者	有　书
责任编辑	孙学良
特邀编辑	李媛媛
封面设计	今亮後聲 HOPESOUND 2580590616@qq.com · 胡振宇　赵晓冉
内文排版	麦莫瑞文化
责任印制	王学锋

出版发行	天地出版社 （成都市锦江区三色路238号　邮政编码：610023） （北京市方庄芳群园3区3号　邮政编码：100078）
网　　址	http://www.tianditph.com
电子邮箱	tianditg@163.com
经　　销	新华文轩出版传媒股份有限公司

印　　刷	河北鑫玉鸿程印刷有限公司
版　　次	2022年1月第1版
印　　次	2024年11月第41次印刷
开　　本	880mm×1230mm　1/32
印　　张	8.75
字　　数	181千字
定　　价	39.80元
书　　号	ISBN 978-7-5455-6620-8

版权所有◆违者必究
咨询电话：（028）86361282（总编室）
购书热线：（010）67693207（营销中心）

如有印装错误，请与本社联系调换

序 Preface

自"有书相伴,终身成长"确立为有书的品牌理念以来,有书一直都践行着帮助大家通过阅读、学习、思考、实践而不断完成自我成长,以达到"终身成长"的目标,帮助大家追求更美好的生活,创造和实现人生更大的价值,赋予生命更丰富的意义。

在此之前,自有书成立的那一天起,我们也一直都在做着这样一件事,那就是通过有效途径,带领数千万和我们一起学习的书友们,实现知识范围的拓展、认知层次的提升、思考方式的转变、个人技能的发展,从而实现无论是精神生活还是现实生活,都进入一个更加幸福的状态。

在帮助书友实现"终身成长"的过程中,产品输出文化内容,为大家带去文化价值,一直是有书内容体系的目标和意义之一,"文化"也一直是"有书"公众号最主要、最鲜明的标签。

有书的同学,尤其是新媒体的同学们都相信并感同身受地认为,文化内容带给人们的力量,绝不亚于任何其他形式,文化的作用是潜移默化又深远持久的。

我们相信"腹有诗书气自华",文化的价值是不能够量化的，持续被文化内容熏陶，在文化知识中学习进步，给人带来的改变是自内而外的。

一个人持续被文化内容影响，往往先从思想开始发生改变，当读过了足够多的好的书籍，领略过了足够优质的文化内容，内心会产生一种自信，伴随自信而生的，是眼界的拓宽，智识的增长，看待事物、思考问题的方式逐渐优化，等等。

一个人内心足够强大，会如拥有才华一样外溢，会因内部强大而改变外部条件。这也是我们坚信一个人拥有了足够丰富的文化知识，就一定能够创造出外化价值的根本原因。

传播文化内容，提供文化价值，借助博大精深的中华文化帮助大家高效成长，是有书的理念，也是有书新媒体肩负的使命。多年来，有书新媒体矢志不渝地坚持着这项使命，而这一次在"有书"公众号上开设的《名著》专刊，可以说是在践行过程中的一次创举。

新媒体的同学说，《名著》专刊的创立，传播的文化内容，给读者们带去的价值，改变的人群及取得的成就，都意义非凡，为行业仅有。

而大家所不知晓的是，在碎片化、快节奏的新媒体阅读环境下，打造一个"深耕内容，阅读历史"的日更文化内容专刊，需要克服多少困难。

好在，我们坚持了下来，并取得了日更上线400余篇原创文章，累计读者上千万等傲人成就。为此，必须要为新媒体的同学们点赞。

每一篇文化类的文章，都有其永久的价值，永久的生命力，永久的意义。

这些优秀的好文章虽然发表在了网络平台上，但文章本身的生命意义不应局限于此，因此，当得知新媒体的同学将文章策划出版成为图书时，我为此感到高兴，这是有书新媒体取得的成就，也是有书内容业务的一次丰富，更是因为我们做了这么一件非常有意义的事，传播了主流文化，借助文化的力量改变了更多的人。

在未来，有书会持续创造更有价值的文化内容，借助文化的力量帮助更多的人成长。

我们也相信，在当下，会有越来越多的人愿意去深度学习文化，感受文化的力量，在未来，会有越来越多的人因文化而成长，会因拥有丰富的文化知识而生活得更加美好、更加幸福。

有书创始人兼CEO　雷文涛
2021年6月

第一章　诸子百家

儒家：不曾断绝的百家之首 —— 003
法家：目标是"法治天下" —— 011
墨家：崇尚简朴，博爱互助 —— 018
阴阳家：不是算命的 —— 028
纵横家：谋士培训机构 —— 036

第二章　思想名人

董仲舒："独尊儒术"提出者 —— 045
朱熹："四书"出于此 —— 053
王阳明：唯心主义"阳明学" —— 061
黄宗羲：君主专制的改革者 —— 068

第三章　唐宋八大家

韩愈：有文采，有勇气 —— 077
柳宗元：春风得意后的孤独 —— 085
欧阳修：千古伯乐 —— 092
曾巩：带着全家入仕途 —— 099

王安石：一场失败的变法 —— 106

　　　苏轼：独一无二的苏东坡 —— 114

　　　苏洵和苏辙：父与子 —— 122

第四章　艺术名家

　　　李延年：小人物的青云志路 —— 131

　　　王羲之：书圣爱大鹅 —— 139

　　　顾恺之：神一般的点睛之笔 —— 146

　　　欧阳询：隶书到楷书的跨越 —— 154

　　　米芾：癫狂书画家 —— 162

　　　赵孟頫：书画全能，却身份尴尬 —— 170

　　　汤显祖：东方莎士比亚 —— 177

第五章　诗词背后

　　　《离骚》：路曼曼其修远 —— 187

　　　《凤求凰》：一日不见，思之如狂 —— 196

　　　《归园田居》：复得返自然 —— 205

　　　"三吏三别"：人生无家别 —— 213

　　　《长恨歌》：此恨绵绵无绝期 —— 220

　　　《锦瑟》：此情可待成追忆 —— 229

　　　《虞美人》：故国不堪回首月明中 —— 237

　　　《满江红》：臣子恨，何时灭 —— 245

　　　《破阵子》：醉里挑灯看剑 —— 253

　　　正气歌：天地有正气 —— 263

第一章 诸子百家

儒家：不曾断绝的百家之首

> 儒家者流，盖出于司徒之官。助人君，顺阴阳，明教化者也。游文于六经之中，留意于仁义之际。祖述尧、舜，宪章文、武，宗师仲尼，以重其言，于道最为高。
>
> ——《汉书·艺文志》

在中国历史上，存在着一个特殊的时代。那时候，百家争鸣，各种思想蓬勃发展，人人都有思考的权利；那时候，有战争，也有道义，有灾难，也有团结，但最多的还是思想的光辉与人格的伟岸！

这个时代，便是"春秋战国"。春秋战国，是思想和文化极为辉煌灿烂的时代。儒墨道法，纷纷登场，兵农纵横，各显神通，诸子百家，一片争鸣！

而在这激烈的思想碰撞中，有一学派最终完善成型，并以持久的生命力，影响了中国三千年之久，这便是儒家。

01
万世师表

提起"儒"这个字,很多人最先想到的便是孔子。其实,早在孔子之前,儒者就已经存在了。

冯友兰在《原儒墨》一书中说:"孔子不是儒之创始者,但却是儒家的创始者。"任何一种思想或学派,都不是无源之水,儒家亦不例外。在孔子之前,儒者是一种以宗教为生的职业,负责治丧、祭神等各种宗教仪式。但在孔子手中,儒发生了"脱胎换骨"的变化,它由职业技术,演变成了一种学术流派。

随着周王室的日渐衰弱,天下开始变得礼崩乐坏,只有周公后代统治下的鲁国,为礼乐制度留下了最后一块净土。这种环境也间接影响了生于斯、长于斯的孔子。

在孔子小的时候,其他小孩都在外面玩泥巴,而他却将祭祀用的礼器摆设起来,练习行礼,而且还玩得不亦乐乎。由此可见,环境与天赋给他带来的深刻影响。

只可惜,生不逢时。孔子所处时期已是春秋末年,就连鲁国也出现了礼崩乐坏的情况。他对此痛心疾首,于是,年仅十五岁的孔子便开始研究礼乐学问,立志成为一名真正的儒者。

到了三十岁那年,孔子终于有了"自成一派"的资本,但同时对于如何立身处世,他还是会感到迷茫。但就在这一年,颜路的建议,让孔子的人生开始发生巨大变化,也为日后儒家学派的发展奠定了基础。

颜路建议孔子在家办学堂，也就是后来我们所熟悉的，孔子兴办私学的事业。孔子的私学是很有包容性的，不管对方是什么人，只要自己主动交一点微薄学费，孔子就会给予他相应的教导。因此吸引了大批学生，但也遭到了其他人的质疑。

有一次，南郭惠子问子贡："夫子的门下，为什么这样鱼龙混杂呢？"子贡回答说："那是因为夫子品行端正、胸怀博大啊。想要来学习的，夫子一概不拒绝；想要离开的，夫子也听其自便。"

正是因为孔子办学的"杂"，才培育出了各式各样的人才。至此，儒家学派，才能够蓬勃发展，绵延不绝。

02
薪尽火传

孔门弟子三千，贤者七十二。优秀的学生比比皆是，但其中最受孔子青睐的却是"贫而弱"的颜回。孔子之所以如此爱重颜回，那是因为颜回境界很高，是一个生活贫穷而内心快乐的人。

"饭疏食，饮水，曲肱而枕之，乐亦在其中矣。"吃一碗糙米，喝一瓢凉水，住一间破屋，此等境遇，换作他人早就满心忧愁了，而颜回却过得快乐潇洒。颜回安贫乐道，聪明好学，不仅有德行，还非常有亲和力。无论从哪方面来看，颜回都是孔子心目中的最佳继承人，只可惜天妒英才，颜回早早便离世了。

颜回去世的那天，孔子哭得很伤心，他甚至反复长叹："老天爷啊，你这是要灭亡我啊！要灭亡我啊！"孔子的极度悲伤，可吓坏了其他弟子，他们纷纷前来劝说，说老师哭得太伤心了，这样很伤身体。孔子听后，悲痛地说道："我真的哭得很伤心吗？如果颜回死了我都不伤心，那么我还会为哪一个伤心呢？"颜回的死，不仅让孔子失去了一个至亲子侄，更失去了一个寄予厚望的继承人。

天可怜见，颜回虽英年早逝，但孔子的思想却没有中断。在孔子死后，曾子秉承孔子遗志，继续发展儒学。他不仅带领门人弟子主持编著了《论语》一书，还间接培养出了"亚圣"孟子。孟子继承发展了孔子思想，将"仁"发展为"仁政"，将"恻隐之心"视为人人应该具有的善良。

在《孟子》中记载了这样一个故事：

有一次，齐宣王看到有人牵着一头牛经过。齐宣王问道："你要把牛牵到哪里去啊？"

那人答道："我要杀了这牛来祭祀。"

齐宣王看到牛瑟瑟发抖的样子，心有不忍，于是出言制止道："放掉它吧，我不忍心看着它发抖，这就好像没有罪的人马上要进刑场一样。"

那人问："那是不是就不祭祀了呢？"

齐宣王说:"这样的大事怎么能取消呢?你去找只羊来代替它吧。"

这件事很快就在齐国传开了,很多人都因此嘲笑齐宣王是个吝啬鬼,连一头牛都舍不得。但孟子却为齐宣王竖起了大拇指。孟子来到王宫,对齐宣王说:"您这是仁爱之道啊。您将牛换成羊,是因为您见到了牛而没有见到羊。君子对于动物,看到它们活着,便不忍看到它们死去,您这正是君子所为啊。"在孟子看来,恻隐之心便是仁爱之道的开端,便是人性本善的体现。

03
哲思千古

每一个学派,每一种学说,之所以能够长时间存在,既得益于后人对它的不断完善和发展,也因为它本身具有现实意义。儒家思想便是如此。

国学大师钱穆曾说,孔子的儒家思想分为两部分,一是入世,一是明道。入世,便是用仁义之道造福万民;明道,便是竭尽所能地因材施教。

"仁"是儒家思想体系中的基础,而"仁"的基本含义便是"爱人"。西汉学者扬雄曾说:"仲尼多爱。"那孔子究竟"多爱"到什么地步呢?《论语》中记载了这样一个细节:孔子外出时,遇见穿丧服的人或者盲人,无论老少,他都会恭敬地站起身来,等对方经过后才坐下;如果是从对方面前经过,那他一定会恭敬地迈小步快速走过。

对于不幸的人或弱势群体,孔子的心中充满了仁爱。其实,不只是对人,对万事万物,孔子都充满了爱与善意。有一次,孔子家的看门狗死了,他很难过,便让子贡去埋掉它。但他又不放心,于是来到子贡身旁,唠唠叨叨地说:"你给它弄张席子吧,不要让它的头直接埋在了土里。"孔子对一条狗都有着如此真挚的情感,可见他的确做到了"仁及于草木禽兽"。

孔子的"仁"是一种发自内心的思想,而"礼"则是一个人在外应该遵循的行为规范。《圣迹图》中有一个"过庭诗礼"的故事。

有一天,孔子在庭院中散步,当他看到自己的儿子孔鲤从门前经过时,孔子问他说:"孩子,你学习礼了吗?"孔鲤回答说:"还没有呢。"孔子听后,语重心长地说道:"不学习礼,可难以立身做人。"

孔子曾经讲了四个具体的守礼规则:非礼勿视,非礼勿听,非礼勿言,非礼勿动。

他将礼彻底融入我们的日常生活中,并明确地告诉我们:若想"从心所欲",便要做到"不逾矩"。所谓"礼",其实就是规矩,就是做人做事的标准。

除了对"仁与礼"的坚守与弘扬,孔子还为当时和后世做了一个极大的贡献——开私学，办教育。孔子招收学生不分贵贱、贫富、地区，他的弟子来自各个诸侯国，且出身于不同的阶层。其中有颜回、子路那样的平民，有孟懿子、南宫敬叔那样的贵族，也有子贡那样的富商大贾。虽然门下弟子各不相同，但孔子却总能"因材施教"。

有一次，孔子讲完课，回到自己的书房，学生公西华给他端上一杯水。这时，子路匆匆走进来，大声向老师讨教："先生，如果我听到一种正确的主张，可以立刻去做吗？"孔子看了子路一眼，慢条斯理地说："总要问一下父亲和兄长吧，怎么能听到就去做呢？"

子路刚出去，另一个学生冉有悄悄走到孔子面前，恭敬地问："先生，我要是听到正确的主张应该立刻去做吗？"孔子马上回答："对，应该立刻实行。"

冉有走后，公西华奇怪地问："先生，一样的问题，您的回答怎么却正好相反呢？"孔子笑着说："冉有性格谦逊，办事犹豫不决，所以我鼓励他临事果断。但子路逞强好胜，办事不周全，所以我就劝他遇事多听取别人意见，三思而行。"公西华听后，恍然大悟，从此对孔子的"因材施教"有了更深刻的理解。

孔子的"教学相长"，培养出了许多名动天下的大人物。这些人有的在各国传道授业，有的人则登堂入室、封侯拜相。这不仅大大提高了儒学的知名度，也为后世的儒学发展奠定了坚实的基础。

"天不生仲尼，万古如长夜。"从一个普通人到圣人，再到万世师表，孔子足迹所到之处，无不给后世留下了宝贵的财富。也许，在那个时代，他只是个郁郁不得志的失败者，但放眼五千年的历史长河，他却是独一无二的胜利者，因为他的儒家思想已经与中华民族精神融为一体了。而且随着国际之间文化交流的日益广泛，儒家学说已经成为一种影响全世界的重要思想。

正如钱穆先生所说："儒家对今天以后的中国，仍当有其不可磨灭的贡献，其对世界文化亦自有其应有之影响。"在历史的长河里，有过百家争鸣，有过焚书坑儒，也有过独尊儒术。或顺或逆，或捧或踩，儒家之传承，一以贯之，未尝断绝。这既是历代先贤的努力，也是我辈生民的选择。

为天地立心，为生民立命，为往圣继绝学，为万世开太平，这便是儒家精神。

法家：目标是"法治天下"

> 法家者流，盖出于理官。信赏必罚，以辅礼制。《易》曰："先王以明罚饬法。"此其所长也。及刻者为之，则无教化，去仁爱，专任刑法而欲以致治，至于残害至亲，伤恩薄厚。
>
> ——《汉书·艺文志》

战火纷飞的春秋战国时代，有这么一个流派：它思变求新，力图富国强兵，掀起了春秋战国的改革浪潮；它尚法重信，主张法无贵贱，开启了以法治国的新时代；它注重实践，讲究实际效用，被人们称为积极入世的行动派。它，就是法家。

01
重新建立秩序

前770年，周平王迁都洛邑。自此，周王室衰微，诸侯崛起，政由方伯，从此开启了春秋时代。春秋时代的第一位雄主，出现在姜太公的封地齐国，也就是春秋五霸之首——齐桓公。虽然继位有点突如其来，但齐桓公却有着宏伟的目标，他要成为天下霸主。恰好，法家先驱管仲，有成就霸业的方法。在鲍叔牙的穿针引线下，二人一见面，便生出相见恨晚的感慨，而法家也逐渐登上历史舞台。

"欲为天下者，必重用其国；欲为其国者，必重用其民；欲为其民者，必重尽其民力。"在管仲看来，想要成为天下霸主，必须走富国强兵之路，必须善于"牧民"。

"凡举事，令先必出。"在管仲看来，"牧民"之要，在于尚法令。为此，他在每个乡派一个人来指导人民落实法令。

虽然看重法治，但管仲也不忽视礼教。对内，他主张进行"礼、义、廉、耻"教育；对外，主张做事也有"礼"。

前656年，齐国打败蔡国后，顺势攻打楚国，以此提升自己的影响力。楚成王质问齐国为何要侵犯楚国，管仲却以"礼"来使这次行动合法化："昔召康公命我先君大公曰：'五侯九伯，女实征之，以夹辅周室。'赐我先君履：东至于海，西至于河，南至于穆陵，北至于无棣。尔贡包茅不入，王祭不共，无以缩酒，寡人是征；昭王南征而不复，寡人是问。"你们不按规定给周王室进贡，所以我要征伐你们。

其实，周天子根本就没有说过要攻打楚国。管仲之法，出于"礼"，又不想囿于"礼"，正是法家慢慢从其他学派中分离的表现。近百年过去了，郑国的一个人，进一步发展了管仲的"申之以宪令"的主张。这个人就是子产。

以前，"刑不可知，则威不可测"是大家的共识。因此，法律条文都是保密的，有没有罪，得看贵族阶层怎么说。子产打破了这个惯例。他铸刑鼎，将法律公布出来，让人们知道什么能做，什么不能做。子产此举，开启了我国古代公布成文法的先例。

子产的做法遭到了贵族们的强烈反对，他们甚至扬言要买凶杀人。但随着时间的推移，铸刑鼎的好处日益显现。郑国犯罪案件日益减少，国力迅速恢复。连晋国，也学郑国铸造了刑鼎。

"礼崩乐坏"，旧的社会秩序失衡，新的又未建立，国家纷乱不堪，子产希望通过这种方式，能够重新建立秩序。每一个新思想的产生，都有它的现实基础。

02
《法经》的承袭

到春秋晚期至战国初期，法家的继承者们在借鉴前人思想的情况下，又提出了许多新思想。

首先登上历史舞台的，是魏国国相李悝。李悝认为"法"应当"不别亲疏，不殊贵贱，一断于法"，并在总结各诸侯国立法司法经验的基础上，结合魏国实际，制定了《法经》。这是我国历史上第一部比较系统的成文法典。李悝还提出，赏罚分明，废除世袭为官制度。一次，魏文侯问李悝："我赏罚得当，为什么老百姓还不归附于我？"李悝回答："夺淫民之禄，以来四方之士。"

李悝在《法经》中的主张，在继任者商鞅手中得到了发扬光大。前361年，秦孝公继位不久，便向天下发出《求贤令》，招揽四方贤能，以图恢复秦穆公时候的霸业。三十多岁的商鞅得到这个消息后，兴奋异常，怀揣李悝的《法经》投奔秦国。经过三次试探，商鞅与秦孝公达成合作共识。从此，秦国的变法图强之路正式启程。

在变法前，商鞅曾和杜挚有过一场激烈的辩论。

杜挚说："没有百倍的利益，就不能改变成法；没有十倍的功效，就不能更换旧器。仿效成法没有过失，遵循旧礼不会出偏差。"

商鞅坚决反对："汤武不沿袭旧法度能王天下，而夏殷不更换旧礼制却灭亡。因此，治理国家没有定法，只要于国家有利就行！"他还进一步打破世袭制，提出"宗室非有军功论，不得为属籍"，并将严刑酷法放到国家治理的首位。

"刑生力，力生强，强生威，威生德，德生于刑。"他认为，刑法能产生实力，实力能产生强大，强大能产生威力，威力能产生恩惠。他直接否定礼教的作用，说："礼乐，淫佚之徵也；慈仁，过之母也。"在商鞅的严刑酷法下，秦国道不拾遗，山无盗贼，家给人足，民勇于公战，怯于私斗。

但也正如司马迁在《史记》中对法家的评价那样，商鞅的做法过于"严而少恩"。因此，在他失势时，竟无一人敢帮他，只得感叹"嗟乎，为法之敝一至此哉"！

与商鞅同时期的慎到，因其吸收了众多道家思想，较商鞅而言，他的主张明显温和多了，他更看重权势。他打过一个比喻：就算西施、毛嫱这样的美人，如果穿得不好看，大家都不会多看一眼，如果穿得漂亮，大家都会驻足观看；像尧这样的贤人，在没有权势的时候，都不能够指使他的邻居，但是一旦南面称王，就能做到令行禁止。因此，对国君而言，定君臣名分、"握法重势"才是最重要的。

慎子的主张，即使在当今社会，也很有启发性：很多时候，别人尊敬你、奉承你，你头脑清醒地想一想，是自己真的厉害呢，还是别人看在你所处平台的分上，给你说的恭维话。

03
不可长用

经过几百年的发展，战国末期，法家思想日趋成熟，这时候，法家出了一个集大成者。这个人，就是韩非子。

韩非子结合诸子百家思想，提出了法、术、势相结合的法治理论。他继承了商鞅不法古的思想，更加鲜明地提出时代变了，制度也应随之而变的想法。

"时移而治不易者乱，能治众而禁不变者削。故圣人之治民也，法与时移而禁与能变。"他恶礼仪，甚至认为"民者固服于势，寡能怀于义"。不仅如此，韩非子还认为人都是唯利是图的，因此，统治者要善于用人性的弱点来治理人民。

"凡治天下，必因人情。人情者，有好恶，故赏罚可用；赏罚可用，则禁令可立，而治道具矣。"在人都是唯利是图的基础上，韩非子更加激进地提出夫妇、父母、子女之间的关系，都只是一个"利"字。

他曾说，作为君主，将喜爱的儿子立为太子，太子就会感激君主吗？不一定。太子可能会盼望着君主早死，自己好早早登基，以免产生变数。君主立太子后，还会毫无防备地喜爱太子吗？不一定。因为君主，会担心太子篡位。

因此，韩非子认为，治理国家，一定要彰明法律禁令，要严格执行赏罚规定。只有这样，人民才会服从管教。

正因如此，韩非子比法家前辈们更加注重驭臣之术。他说："术者，因任而授官，循名而责实，操杀生之柄，课群臣之能者也，此人主之所执也。"只可惜，韩非子因得不到重用，只能著书立说，他的理论没有用于实践。

韩非子的遗憾，李斯帮他完成了，并最终帮助秦国统一了六国。正因为后期的法家过于激进,司马迁才说法家:"不别亲疏,不殊贵贱,一断于法,则亲亲尊尊之恩绝矣。可以行一时之计,而不可长用也,故曰'严而少恩'。"也许正是因为秦始皇和李斯基于法家思想的社会改革过于激进,秦朝只存在了十四年,就被人民推翻了。

虽然秦朝灭亡了,但发展了几百年的法家思想并没有随之消亡,只是以一种更加隐秘的方式存在,连汉宣帝都承认,汉朝是"霸王道杂之"。一个民族最稳定的因素,莫过于世代相传的思想根基。诚然。

墨家：崇尚简朴，博爱互助

> 墨家者流，盖出于清庙之守。茅屋采椽，是以贵俭；养三老五更，是以兼爱；选士大射，是以上贤；宗祀严父，是以右鬼；顺四时而行，是以非命；以孝视天下，是以上同；此其所长也。及蔽者为之，见俭之利，因以非礼；推兼爱之意，而不知别亲疏。
>
> ——《汉书·艺文志》

战国时期墨家学派是一门显学，是几乎能与儒家相抗衡的重要学派。荀子曾经感叹："圣人隐伏，墨术行。"但是到了秦汉时期，墨家却急剧衰亡，以至于连司马迁如此博学的人也对墨家知之甚少，在写《史记》时只有寥寥二十四个字一笔带过。

"其兴也勃焉，其亡也忽焉！"墨家的崛起是百家争鸣中的一件奇事，它的遽然消亡也是先秦文化传承中的一件憾事。和其他学派相比，墨家学派的发展尤为曲折离奇。它快速兴起，迅速衰落，中间经历转型又开始复兴，但还是在短时间内几乎彻底消失。

如今，让我们回望千年，展开历史的褶皱，去探索墨家的神秘与瑰丽。

01
创立

春秋时代，周朝的分封制度逐渐瓦解，宗法制度松弛，周王对整个社会的控制大大减弱，这让许多阶层从原来的社会制度中挣脱出来，开始构建自己心目中的社会模样，于是出现了百花齐放、百家争鸣的现象。

楚国富足秀丽，又长期受巫史文化影响，因此诞生了渴望自由的道家；唯一一个可以和周使用同规格礼仪的鲁国，催生了看重礼仪的儒家。然而生于鲁国的墨翟并没有把儒家发扬光大，而是创立了墨家学派。

鲁国虽然受周影响较大，但从奴隶制挣脱出来的小生产者队伍仍在不断壮大，形成了相对独立的阶层。墨翟就出身于此阶层，因为阶层实力提升，有了受教育的机会。身在鲁国，墨翟自然是"习儒者之业，受孔子之术"。但墨翟对于儒家研究越深，就对儒家观点越难以认同。

例如儒家主张厚葬，守孝时间长达三年。而墨翟认为厚葬劳民伤财，服孝三年则太消耗死者家属的心力。又比如说儒家重视的礼仪,不仅特别烦琐,还不能出错,真是惹人厌、讨人烦。因此他开始与儒家子弟论战,提倡节财薄葬。

不过墨翟这个人并不强词夺理,虽然他认为是辩论就一定会有胜负,但他更认同辩论一定要有逻辑。久而久之,他便发展出了被称为"墨辩"的完整逻辑思维,开创了中国古典逻辑学的先河。渐渐地,墨翟创立了墨家学派,他也因此被称为墨子。

墨家的思想非常符合正在崛起的小手工业者阶层的诉求,小手工业者因为从事物质生产劳动,所以相对来说对物质比较爱惜,难以理解贵族的浪费,也不赞同富人借奢显贵的心态。所以墨家学派创立之后,迅速发展壮大。

随着队伍的扩大,墨家的思想体系也日趋丰富。除了"节用"和"节葬"之外,"兼爱""非攻""尚贤""尚同"等观点纷纷出炉,其中又以"兼爱"和"非攻"为核心。只不过这两点,贵族可不会轻易接受。

02
兴盛

"兼爱"和"非攻"两大思想,是非常受小手工业者欢迎的。他们作为社会的最底层,受到的关爱往往是最少的。因为在当时的礼制下,爱是分等级的、有差别的。

《诗·小雅·大东》上说："纠纠葛屦，可以履霜。佻佻公子，行彼周行。"又说："西人之子，粲粲衣服。"用现代的话，就是"东方的老百姓脚穿麻鞋，甚至雪天只能光脚；西方的贵族却穿皮戴貂，在大街上炫耀招摇"。

也就是说，贫民得到的关爱总比贵族要少得多。因此，墨子才主张"兼爱"，也就是不分等级、没有差别，人人都能获得关爱。如果能做到兼爱，那么就不会去掠夺他人的东西而让他人伤痛，就不会有侵略战争——这就是"非攻"思想。

对于战争，墨家有着深入肤体的哀痛，因为他们是战争的受害者。一场战乱，又一场战乱，耕田的人跑了，纺线的人跑了，铁匠跑了，木匠跑了……干活的人都跑了，那么那些跑不动或者还没跑的人怎么吃饭呢？他们不吃饭，因为没饭吃——他们改吃同类了。

所以墨家决心以实际行动制止战争，这一点对墨家并不难。因为墨家所代表的阶层本来就有大量从事军事器械制造的弟子，这些人被称为"从事派"。墨子曾经就在"从事派"弟子的配合下，亲自制止过楚国伐宋的战争。

除了"从事派"弟子，墨家还有"说书"和"谈辩"两派。"说书派"主要是著书立说，"谈辩派"主要跟随墨子四处游说。这一时期，墨子带领"谈辩派"众弟子，一边游说各国诸侯接受"兼爱""非攻"思想，一边用实际行动帮助受侵害的国家打退进攻，因此在各小国中颇受礼遇，说是叱咤风云也不为过。

不过一个硬币有两面,墨家迅速兴起的同时也潜藏着隐忧。

03
衰落

墨家是一个严密的组织,首领称为巨子,拥有绝对的权威,而且不顾私利,以实现墨家的社会理想为己任,全体弟子一切行动听指挥,因此效率非常高。但是过于严密、过于整齐划一的组织,也往往会走上另外一个极端,而这个极端就带来了墨家的第一次衰落。

墨子死后,有一任巨子叫作孟胜。楚国的贵族阳城君与孟胜有约定,让孟胜及其弟子在阳城君外出时帮助阳城君守城。后来楚王去世,群臣认为这是吴起的过错,于是群起而攻之,阳城君也参与了。混乱之中,有弓箭射到了楚王的遗体上,这在楚国是重罪。楚国要追究这些人的责任,阳城君就逃亡了,阳城这块封地也要被楚国收回,所以楚国派大军包围了阳城。

孟胜因为与阳城君有约,所以不肯交出封地,但是以当时墨家一百八十位弟子的实力,根本难以和楚军抗衡,所以孟胜决定以死明义,带领着一百八十位弟子自杀了。这次自杀让世人对墨家的义气和大公无私的精神大为赞赏,但是也让墨家元气大伤。

此类墨家弟子主要是"从事派",他们人数众多,且制造技艺精湛。为了制造这些军事器械，他们必定还会掌握和精进相应的物理学和数学等知识。也就是说，"从事派"弟子是当时受教育的人中能够掌握自然科技理论的精英。他们的某些数理知识和测量知识，甚至已经相当高深，例如对圆的定义和小孔成像等原理的介绍，已经接近近现代科学的水平。

这些人的离世对当时的自然科学也是一个重创。此后，漫长的中国封建社会在大力发展人文科学的同时，却对自然科学有着或多或少的不屑和忽视。

另外，孟胜并未料到死亡来得如此突然，因此并没有做好培养接班人的准备。他死前匆匆把巨子的位置传给田襄子，只是因为田襄子是一个他比较熟悉的"贤者"，并非因为田襄子在墨家一派实力强大。

作为巨子，田襄子并没有多少号召力和影响力，所以田襄子去世后，弟子之间原来那种统一行动、统筹计划的活动方式已经大为减少，随之而来的是墨家的社会影响力大为削弱。不过，墨家弟子也意识到了墨家的衰落，因此开始思考与探索转型。

04
转型

墨家三派弟子在田襄子去世后彼此更加疏散，因此在转型中方向不一，走了不少弯路。

由于之前大量"从事派"弟子自杀，传承突然断裂，从而让"从事派"后人失去了当年先辈的武装实力，因此不得不改为整理关于守城方面的著作。这些著作中既有战术也有具体的防御措施，还有器械的说明，因此在先秦兵书防御学说中占有重要的地位。

而那些宣扬墨家学说的"说书派"后人虽然仍然在光大墨学，遗憾的是，他们已经不能像前辈那样身体力行。墨家学派有一位弟子叫作夷之，虽然嘴上说着墨家的"节葬"多么合理，但是转过头却给自己去世的亲人举行了厚葬。

这种言行不一，已经和早期那些墨家前辈大相径庭了。而"谈辩派"弟子，已经从原来游说诸侯王的政治论辩逐渐转变为空谈，甚至是诡辩，空谈在一个战争频仍、生活不富足的时代自然不会受到多大欢迎。如此一来，墨家由原来一个既有高深理论又有超强执行力的学派，逐渐转化为一个脱离实践而只注重理论的学派，影响力一落千丈。

看来，还要探索新的发展路子才行。

所幸，"谈辩派"弟子收敛了空谈，转向了哲学思辨；"说书派"则加大马力宣传思想，让弟子人数一涨再涨；而部分"从事派"弟子开始从守城理论转向行侠仗义。所以到了战国后期，墨家学派又复兴了，成为几乎能与儒家抗衡的显学。用今天的话说，墨家成了热点、爆点。

但木秀于林，风必摧之，墨家的灭顶之灾即将到来。

05
消亡

诸子百家争鸣，谁都想做最响亮的那个声音。面对墨家的兴盛，道家、儒家、法家等展开了激烈的批评。

道家代表庄子认为儒家和墨家都是假仁假义；儒家代表荀子批判墨家被"实用"遮住了眼睛，完全不知精神追求；法家的代表韩非则批评墨家的"兼爱天下"和"仁义治民"都是空想。墨家的核心思想"兼爱"与"非攻"虽然一开始受到广大底层人民的热烈欢迎，但是难以和天下大势抗衡。

各阶层力量此消彼长，地主阶级逐渐取得统治地位，而小手工业者逐步沦为被统治、被剥削的地位，因此对于统治阶级来说，"兼爱天下"是不可能的。国家层面宗族制度的等级尊卑同样体现在社会和小家庭中，社会成员自然不可能获得同等的关爱。

再者，天下分久必合，不管哪个阶层都深受战争之苦，希望早日结束战争完成统一，但是想结束混战又不得不使用战争的方式，所以墨家的"非攻"遭到了抛弃。秦统一六国后，秦朝宰相李斯认为儒家和墨家皆"愚诬之学"，秦始皇于是下令"焚书"，墨家遭遇了灭顶之灾。

封建时代的开启，意味着墨家的核心学说很难有复兴之日。因此墨家作为一个学术流派，在秦汉时代突然消失了。但这并不代表墨家思想从此就销声匿迹了。

06
传承

西汉"罢黜百家，独尊儒术"，自然也罢黜了墨家。但是汉武帝也曾敕令收藏图书，所以包括《墨子》在内的图书被收藏到了皇家图书馆中。

西晋时期的"八王之乱"致使图书大量散失，《墨子》一书也有几卷丢失。好在魏晋时期崇尚清谈之风，所以墨家的逻辑和辩论部分受到了追捧。

到了唐代，魏徵抽取了墨家学派安邦治国的部分论述，不过唐代有些版本的《墨子》已经有错漏了。

宋代墨书的情形也不容乐观，但好消息是，最迟在北宋前中期，墨家思想传到了日本。

明代时，墨家渐渐受到重视，二百年间所刻《墨子》多达二十八种。

到了清朝，《墨子》有了注释，墨家学说出现中兴局面。

民国时期，墨家思想受到空前的重视。这一时期，"民主""科学"一反封建时期的沉寂，被疯狂拥戴。而墨家朴素的民主平等思想以及高超的自然科学技术，给了民国时期救亡图存的仁人志士以无限鼓舞。

而到了现代社会，墨家思想的意义越发凸显，甚至出现了"现代新墨家"这样一个学术派别。

该派别认为，墨家思想经过取其精华去其糟粕之后，对于现今社会的意义主要体现在：平等兼爱的天赋人权思想；民主选举的社会契约思想；非攻赞诛的共和革命思想；立法为公的依法治国思想；公开议政的言论自由思想；平民结社的政治实践思想；为国为民的任士侠义思想；民富国俭的强本节用思想；强调逻辑的科学理性思想；借鉴创新的实用主义思想。

如此看来，秦汉时代消亡的墨家思想并非一无是处，而是太超前了。好在历史不会辜负任何一丝光亮，终有一天云开月明，朗照乾坤。

阴阳家：不是算命的

> 阴阳家者流，盖出于羲、和之官。敬顺昊天，历象日月、星辰，敬授民时，此其所长也。及拘者为之，则牵于禁忌，泥于小数，舍人事而任鬼神。
>
> ——《汉书·艺文志》

在中国历史上，有一个长久以来披着神秘面纱，甚至一度被神化的思想流派。在有些人看来，他们不仅能够推演国运兴衰，还能洞晓阴阳变化，当真称得上"神通广大"。没错，这一流派就是"三教九流"之一的阴阳家。

阴阳家天生便带有一种神秘色彩，占卜、解梦、观星、法术……这些似乎都是他们的拿手好戏。然而，阴阳家并非我们想的这样神秘莫测，他们不过是继承并发展了道家的"阴阳思想"与儒家的"仁义恭俭"。

阴阳家的出现，不仅为古人预测未来提供了理论基础，也为先秦思想的繁荣做出了极大贡献。

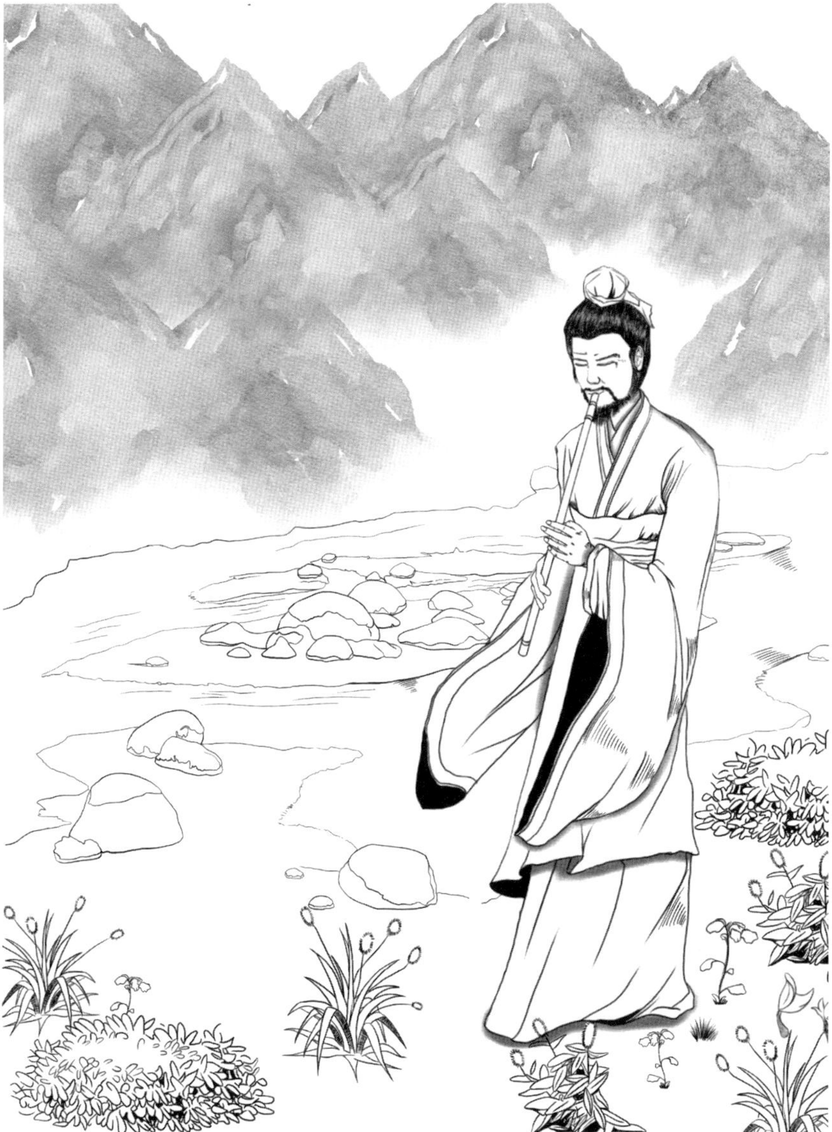

01
邹子一吹律,能回天地心

时至今日,一提起阴阳家,很多人都会望文生义,认为他们不过是算卦测字之流,有些人甚至会把他们当作封建迷信。这实属偏见误解。

实际上,阴阳家的推算预测能力,是建立在他们对自然研究的理论基础之上,并非怪力乱神、胡编乱造。

在《列子》中,曾记载了阴阳家创始人邹衍"吹律回春"的故事。战国时期,邹衍受燕昭王邀请,到燕国指导农业生产工作。一年春天,邹衍来到渔阳这个地方,这时周围地方都已经暖和,可渔阳还是和冬天一样,寒气极盛,植物无法生长。于是,邹衍便登上郡城南边不远处的一座小山,并在山顶吹起了律管。三天三夜之后,渔阳上空的浓云逐渐散去,紧接着暖风袭来,阳光明媚,冰消雪融。顿时,整个渔阳都在邹衍的律声中回暖了。

据说,在邹衍吹律的那年,渔阳的庄稼长得特别好,大地五谷丰收,百姓安居乐业。邹衍还从别处找来更好的庄稼品种,教当地农民识别和耕作。从此,渔阳老百姓的日子渐渐好了起来。千年之后,诗仙李白有感而发,写下了一首《邹衍谷》,称赞邹衍的爱民之心:"邹子一吹律,能回天地心。"

"邹子吹律"的故事看似充满着神话般的色彩,实际上,这神奇不过是建立在邹衍对自然充分观察研究的基础之上。观察研究自然以及推演未知，是阴阳家认识这个世界的方法，但却不是他们的初心。

那阴阳家的初心，到底是什么呢？这还是要从其创始人邹衍说起。

邹衍是战国末期齐国人，曾在齐国的稷下学宫求学任教。这稷下学宫是当时中国文化和学术的交流中心，汇集了诸子百家各流派人才。当时有很多位高权重的大人物，都出自这座学府。邹衍当时是稷下学宫中的佼佼者，曾在这里学习儒家学说。

后来，他便以儒学作为自己的宗旨，希望能够寻找到一种经世致用的方法，以图救济天下百姓。此时的齐国兵强马壮，频繁对外作战，就连燕国也沦为了齐国的附庸。即便如孟子这样的当世大儒，也来到齐国，谋求齐家治国之道。只可惜，孟子并没有得到齐宣王的重用。

孟子游说齐王失败，无疑让邹衍认清了现实的残酷：那些满口仁义道德的列国诸侯，实际上虚伪至极。他们追求的只是权力地位，又哪里真正关心百姓们的死活呢？于是，邹衍针对当时列国诸侯日益荒淫奢侈的现实，结合阴阳之道与五行之说，用以小推大、以近推远、以今推古的推理办法，创设出了"阴阳五行说"。

邹衍之所以要新创一学说，是因为他已经从孟子的失败中认识到：纯粹的儒家学说已经对那些骄狂自大的诸侯不起作用了。

于是，他本着儒家"尚德"的初衷，借用天道阴阳之说，来劝诫引导诸侯们实行儒家所推崇的仁政。

02
阴阳合五德，傲视王与侯

邹衍试图用"阴阳五行说"表明事物运动变化的普遍规律。他认为金、木、水、火、土五行之间相生相克，这表明事物之间有着既对立又统一的关系。只要研究透了"阴阳五行说"，便能够掌握世间万象，推演未来祸福。

由于"阴阳五行说"具有推演预测的神秘力量，因此备受列国诸侯的追捧。诸侯们对"阴阳五行说"的狂热追捧，再一次给了邹衍创新发展的动力。终于，邹衍将王朝的更迭与"阴阳五行说"相结合，最终提出了影响深远的"五德终始说"。

邹衍认为，朝代更迭如同自然变化一般：黄帝属土德，被属木德的夏替代；夏被属金德的商替代；殷商被属火德的周替代；周也将会被属水德的君主替代。

邹衍本想以此学说警示列国诸侯：如果不仁政爱民，就会被他人取代，这是天道轮回，是上天对人君的惩罚。但让邹衍没想到的是，"五德终始说"却沦为了诸侯们争夺霸权、夺取天下的"理论依据"。各国君主纷纷标榜自己才是那个"天命所归"的真主，而邹衍则成了各国君主争相拉拢的"香饽饽"。于是，邹衍从一介学者，摇身一变成了列国诸侯的座上宾。阴阳家也在诸子百家中异军突起，一时之间，风头无两。

在齐国时，齐宣王任命他为上大夫；到魏国时，魏惠王亲自出城相迎，将他视为贵宾；到赵国时，战国四公子之一的平原君侧身陪行，亲自为他拂拭席位上的灰尘；后来到了燕国，燕昭王更是给了他隆重的待遇，不仅亲自拿着扫帚，在邹衍前面清扫道路，还以侍奉老师的礼节对待他，并为他特地修建了碣石宫，以便于著书讲学。即便是孔孟这样的圣贤，也从未享受过如此礼遇。

只可惜好景不长，燕昭王死后，其子燕惠王继位。惠王并不如昭王贤明，他听信谗言，以"间谍之罪"，将邹衍逮捕下狱。邹衍忠心一片，却蒙受不白之冤。他深感冤屈，于是便仰天大哭。当时正值五月，可就是邹衍这一哭，居然哭得"天气突变，风雪骤降"。

天地之威，非人力所能抗拒。燕惠王认为这是上天示警，吓得连忙释放了邹衍。也就是这次巧合，让邹衍的"阴阳五行说"更加深入人心。

03
其说虽已逝，千载有余情

看过电视剧《芈月传》的人，或许会注意到这样一个现象：剧中除了秦宫里的女人，无论是秦国的大王、大臣还是普通士兵都喜爱穿黑色的衣服，秦国人似乎有着浓厚的黑色情结。

在历史上，秦国人的确喜欢黑色，但秦人尚黑是有原因的。《汉书·律历志》中便有这样的记载："今秦变周，水德之时。昔文公出猎，获黑龙，此其水德之瑞。"早年秦文公外出打猎时，曾经捕获过一条黑色的龙，而这正是五行之中水德的象征。因此，秦国统治者认为自己是水德，而在五行中，水德对应的颜色是黑色。所以，从春秋战国时的秦国，一直到一统天下的秦帝国，都崇尚黑色。

秦始皇统一六国后，根据邹衍"水德代周而行"的论断，以秦文公出猎获黑龙作为水德兴起的符瑞，进行了一系列符合水德要求的改革，以证明其政权的合法性。水在四时对应冬季，秦始皇则将冬季的十月定为每年伊始，还将黄河更名为"德水"。由此看来，秦始皇是"五德终始说"的第一个成功实践者。

不过，我们知道，秦二世而亡，代之而起的是"以火德传世"的汉王朝。在后来的几千年中，中原大地更是朝代更迭，当真应了《三国演义》开篇那句："天下大势，分久必合，合久必分。"

其实，阴阳家通过对自然万物的研究，发现社会是不会稳固不变的，这在当时来说，无疑是一种进步思想。但其又认为所有的变化都是天道的授意，分分合合，轮回不止，这便掉进了神学的迷宫中。

西汉大儒董仲舒正是敏锐地发现了这一点，所以他才将阴阳学的五行理论吸纳到儒家体系之中，作为"皇权天授"的有力支持点。而这也是阴阳家在历史舞台上的最后一段时光，有利于统治者的内容被统治者拿去了，那剩下的部分便也就被无情地抛弃了。在汉武帝"罢黜百家，独尊儒术"之后，阴阳家的思想被当时的儒道两家所吸收瓦解，从此失去了独立的流派地位。

司马谈在《论六家要旨》中将阴阳家列为首位，虽然对其学说评价不高，但却不失公正地评价道："其序四时之大顺，不可失也。"人之所以不断进步，正在于对未知和神秘事物的不断探索。阴阳家竭力在客观规律和主观认识之间，编织出理论的网络。终于，他们用一颗懵懂的尚德之心，打开了先人们看待宇宙天道的眼界。虽然有些荒谬的成分，可这荒谬正是人类寻找真理的必经之路啊。

春生夏长，秋收冬藏。虽然在探索之路上，已不见阴阳家先驱们的背影，可他们的脚印却告诉我们：只要尝试，就有收获，哪怕失败，无愧于心。

纵横家:谋士培训机构

> 纵横家者流,盖出于行人之官。孔子曰:"诵《诗》三百,使于四方,不能专对,虽多亦奚以为?"又曰:"使乎!使乎!"言其当权事制宜,受命而不受辞,此其所长也。及邪人为之,则上诈谖而弃其信。
>
> ——《汉书·艺文志》

大家都听过一个成语,叫作"纵横捭阖"。这个成语常常出现在外交场合,用来彰显谋士们别具一格的布局艺术。在不断地碰撞、联合与分裂之间,他们反复寻找问题的最优解。至于为什么叫"纵横捭阖",那是因为这个词本身就有着独特的渊源。

早在战国时期,诸子百家纷纷闪耀,各种流派也在历史舞台上展现出独特的风采。在这个群英荟萃的花名册里,"纵横家"的名字尤为醒目。纵横家背后又有着怎样的故事呢?

01
隐居

纵横家的历史，可以追溯到战国时期。"纵横"二字如果仔细拆分，就是"合纵"与"连横"。合纵的代表人物是苏秦，连横的代表人物则是张仪，他们都是知名度很高的历史人物。但追根溯源，纵横家的鼻祖却不是他俩，而是有着"谋圣"之称的鬼谷子。

据记载，鬼谷子的父亲是春秋末期卫国的重臣。生长于权术斗争环境中的他，从小听的就是王权更迭，学的也是谋略之道。因此，他从小就立下志向，希望以后能辅佐一位圣明的君王，为君王出谋划策，平定天下。

为了实现这个梦想，他在少年时期，就离开卫国到周都洛邑求学。在洛邑求学期间，他一共拜了三个老师，分别学习了天道、兵法和辩论。而其中的一个老师，就是著名的道家创始人老子。学成之后，他就回到了卫国，但卫国却没有他的明君，只有几个为了抢王位而闹得国无宁日的王子。无奈之下，他只好辗转他国数十年，只为求得一个明君，找到他的伯乐。

几十年间，他曾担任过楚国的宰相，受到过韩王的礼遇和优待，得到过宋国的信赖。如果他只是为了自己的前程，那么无论是在哪一个国家，他都能轻松获得高官厚禄的待遇。但他的心中还有更高的目标，他想要天下一统，想要世界清平。

而在这些国家里，他精通的权谋策略没有得到重用，他擅长的言谈辩论无人重视，他的理想没人理会。于是，深感生不逢时的他干脆抛弃俗世种种，做起了隐士。因为他隐居的地方，正是云梦山的鬼谷，于是他就自号为"鬼谷"。

俗话说"是金子在哪儿都能发光"，虽然他的才华没有得到明君的重用，但他的学识却吸引了一批又一批的人前来拜师。就这样，隐居者鬼谷变成"鬼谷先生"。他门下弟子众多，其中孙膑、庞涓、苏秦、张仪等人，更是凭借从老师那里学来的谋略，搅动着春秋战国的风云，布下了以国为棋的大局，开创出经天纬地的功业。所以，后人尊他为"纵横祖师"。

02
弟子苏秦

仔细想来，怎么偏偏在战国兴起了纵横家这个流派呢？

其实这跟战国时期的大环境密切相关。翻开战国地图，我们不仅会看到西边一枝独秀的秦国，还有东边反复较量的东方六国。对六国而言，秦国是崛起的新贵，也是势力圈边缘的外来户，它会威胁我们所有国家的安全，所以我们需要必要的联合。

在地图上，六国基本上都沿着一条直线分布，所以六国间的合作就是"合纵"。但对秦国来说，它清楚东方六国对自己的看法，也更加看明白一个事实：这六国只是因为利害关系才会联合，并不是同生共死的生死之交。只要自己找到突破口，从六国里寻找新的盟友，就可以通过这个盟友来分化它们的关系，从而达到各个击破的目的。对于秦国而言，这是一种横向的策略，于是就管它叫"连横"。

整个战国中后期的历史，就是在这种合纵与连横的博弈中激烈演变。合纵连横相互碰撞的过程，其实也是纵横家自身不断发展的过程。如果说鬼谷子开创了纵横家这个流派，那么将纵横家发扬光大的，正是他的学生苏秦和张仪。

据史料记载，苏秦出身贫寒，但不甘平凡的他找到了隐居中的鬼谷子，并拜其为师。然而，理想很丰满，现实很骨感。出师之后，他兴冲冲地跑到秦国去，对着秦惠王纵论天下，说他能让秦国称霸天下时，秦王理都不理他。

其实，他的说法没错，他的计划也很周密，可以说要是秦惠王在这个时候采用了苏秦的计谋，大秦一统天下的时间可能要提前个几十年。但不幸的是，这个时候的秦国正处于君王更迭时期，上一任秦君任用商鞅的余波还在，秦国上下都很讨厌说客。所以，秦惠王没有采纳苏秦的建议。

实际上，《鬼谷子·揣篇》中早就说了："谋必欲周密，必择其所与通者说也。"做事谋划必须周到缜密，但更重要的是，游说的对象要选择与自己观点相通的，不然计划再怎么周密、说辞再怎么动听，计划依旧无法得以实现。

而后，他在外游历数年，不但没有和老师鬼谷子一样青云直上，反而越混越惨，最后穷困潦倒，连饭都吃不上，只能狼狈回家。回到家后他闭门读书，于是便有了"锥刺股"的典故。终于在一年后，才真正领悟并融合了老师所教的合纵连横之术。这一次，他不再瞄准秦国之类的大国，而是直奔地处最北端的燕国，去游说燕国国君燕文公。

一见面，苏秦就告诉燕文公：您一直都在担心千里之外的秦国，其实，真正的敌人并没有远在天边。燕文公一听，顿时汗毛直竖，连忙请教："敢问先生，燕国之敌在何处呢？"这一问，便引发了苏秦滔滔不绝的分析：战国七雄，若论国力，燕国确实是最拿不出手的。在这种情形下，即便邻居不是秦国，燕国也会面临危险，因为你谁都打不过。既然如此，那又何必去操心秦国的事情呢？百里之外的赵国才是心头大患。所以眼下要做的，就是派使臣前去跟赵国讲和，晓以利害，让燕赵两家联合起来，共御外敌。

苏秦这番话，顿时让燕文公茅塞顿开，当下就决定和赵国结盟。苏秦的合纵策略，由此迈出了第一步。随后，他又经过了一系列的奔走游说，终于将六国联合起来，实现了"合纵"的大计。

03
弟子张仪

苏秦凭借他那一张铁口合纵六国以抗强秦，真正做到了"一人之辩，重于九鼎之宝"。由此可见，会说话有多么重要！不过，说到会说话的重要性，我们不得不着重提一下鬼谷子的另一个弟子——张仪。

司马迁在《史记·张仪列传》中，记载了张仪刚出社会时的惨状：当年，张仪刚出山，在自己的国家不受重用，于是就去到楚国寻求机会，可楚国也不怎么待见他。有一次，他去参加楚国令尹昭阳的宴会。在宴会上，昭阳拿出了楚王赏赐给他的"和氏璧"来给大家欣赏，但这宝贝经大家传来传去，最后却不见了踪影。

寻找无果之后，大家就把偷窃和氏璧的罪责，不由分说地强行安在了张仪头上，还把张仪打了个半死。张仪被打得奄奄一息后回到家中，他的妻子忍不住痛哭起来。而他却撑着一口气，问妻子他的舌头是否还在。妻子又好气又好笑地告诉他，舌头还在。张仪这才安慰妻子说，只要舌头还在，他的本钱就在。

他的确没有说大话，《鬼谷子》里说："口者，心之门户，智谋皆从之出。"一个人的嘴就是他的心门，最能展现他的谋略和智慧。此后数年，张仪就奔走于列国之间，用连横的计谋将齐楚联盟、齐赵联盟、韩赵魏联盟先后拆散。直至最后，他彻底打破了先前苏秦一手缔造的反秦联盟。

可以说，张仪不仅用他的三寸之舌，为秦国在谈判桌上赢得了大片的土地，更是让秦国得以一扫六合、统一天下。

太史公司马迁曾说合纵连横的苏秦和张仪，是"倾危之士"，说他们是对国家和人民都有很大危险的人。更有人说不只苏秦、张仪，几乎纵横家都是"倾危之士"。因为纵横家的捭阖之道、说话之术实在太厉害，甚至有句流传很广的话，叫"春秋战国乱不乱，全凭纵横说了算"。

但其实，纵横家的祖师爷鬼谷子一直坚持认为："小人谋身，君子谋国，大丈夫谋天下。"只有小人才盯着自己的个人得失，对于真正拥有大格局的人来说，他们实施谋略时考虑的不是自身的利益，也并非一城一池的得失，而是天下百姓的福祉。

所以，以鬼谷子为始，纵横家们的目标向来都是"平世"而非"乱世"。苏秦合纵抗秦，是为了保住六国百姓，而张仪连横助秦，也是为了一统天下。正是胸中蕴含了这样的大智慧，他们才能凭借一张铁口直断家国兴亡，凭借满腔谋略搅弄天地风云变幻。

相比于道家、儒家等流派，纵横家更像是一颗流星，在战国时期绽放出最耀眼的光彩后，便迅速消失于众人的视野里。令人欣慰的是，纵横家流派虽然逐渐衰弱，但它的思想至今还闪耀着智慧的光芒。

第二章　思想名人

董仲舒:"独尊儒术"提出者

《春秋》大一统者,天地之常经,古今之通谊也。今师异道,人异论,百家殊方,指意不同,是以上亡以持一统;法制数变,下不知所守。臣愚以为诸不在六艺之科孔子之术者,皆绝其道,勿使并进。邪辟之说灭息,然后统纪可一而法度可明,民知所从矣。……自武帝初立,魏其、武安侯为相而隆儒矣。及仲舒对册,推明孔氏,抑黜百家。立学校之官,州郡举茂材孝廉,皆自仲舒发之。

——《汉书·董仲舒传》

儒学,可谓是中国最有影响的思想学派,也是封建国家存世之根本。在历史长河中,儒学一直主导着人们的精神意念,影响着人们的举止行为。其思想已深深根植到中华文化之中,成为中华民族精神不可或缺的一部分。

然而,在先秦时期,儒学也不过是诸子百家中的一种而已。虽有孔孟传授,儒学却始终在野不在朝,直到战国末期,也没有统治者真正以儒家思想作为统治思想。甚至秦始皇时期,儒学还

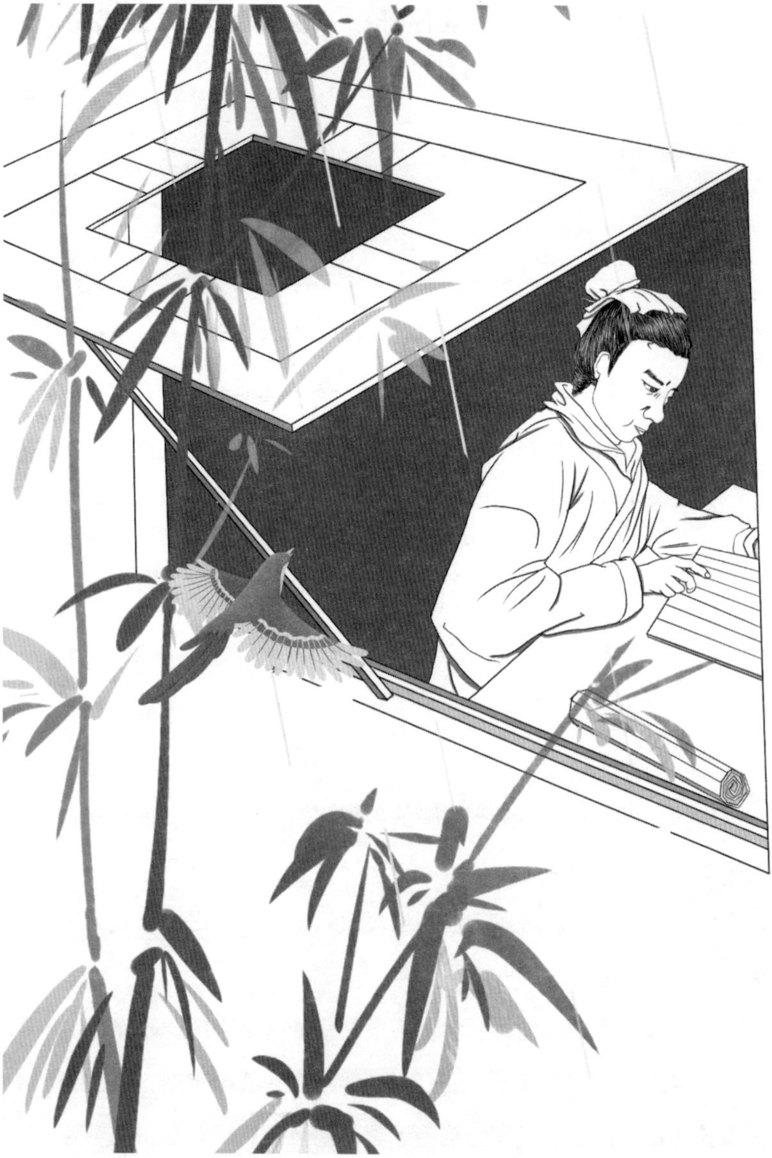

遭受了一次"焚书坑儒"的重创，许多典籍被毁，后来儒学思想只能靠儒生的记忆，私相传授。

然而，每至绝境处，必有圣贤出。因为一个人的出现，儒学起死回生，不但入庙堂，号朝野，于百家为先，还影响了中华文化两千年之久。这个人，便是提出"罢黜百家，独尊儒术"理念的世之大儒——董仲舒。

01
三年不窥园，起作春秋露

提起儒学，世人皆会想到孔孟之道、荀子之礼。这一点不假。

儒学由孔子而立，经孟子发展，后荀子集大成，形成一个完整的儒家思想体系。儒学从诞生起，便与政治紧密联系，无论是"仁政爱民"，还是"尊王攘夷"，无一不是教导统治者如何治理国家。因此，统治者的意愿便显得无比重要。

可随着天下礼乐崩坏，周王室日渐衰落，诸侯纷争四起。兵家与法家学说，更能给君主们带来直接利益，而儒学虽得民心，却始终不得统治者之心。秦始皇经法家而统一天下，却也因法家而丢了天下。刘邦建汉，吸取了秦朝的教训，于是主张清静无为、以守为攻、刑德相辅的黄老之术，作为开国根基。但那时的儒学并没有放弃，反而在叔孙通、陆贾等儒生的宣传下，大有星火燎原之势，而董仲舒，便是其中的一员。

董仲舒出身于一个田产丰富、藏书无数的大地主家庭。他自幼好读典籍，最尚儒学，独喜《春秋》，由于太过沉迷其中，经常废寝忘食、足不出户。家人为了让他劳逸结合，便在书房旁修了一座花园。花园四季鲜花盛开，芳香不断。然而，董仲舒却始终不为所动，不但没有踏入花园一步，甚至连花园之景也不曾抬头欣赏。

他每日垂帘习读，钻研学问，以三年时间，写出了闻名于世的《春秋繁露》。三十岁时，董仲舒开始招收学生，精心讲授《春秋》之事，宣扬儒家经典。有意思的是，他讲学时，课堂上挂有帷幔一幅，许多学生跟他学习多年，仍没有见过他的样子。可即便这样，许多学生闻董仲舒之名，亦愿尊称他为老师。

史书记载董仲舒："进退容止，非礼不行，学士皆师尊之。"渐渐地，他的声誉愈大，汉景帝更任他为博士，主掌经学讲授。那时，他虽于民间声望显赫，可于朝堂之上，却依旧名声不显。由于名声在外，在汉武帝掌握政权要进行改革时，钦点董仲舒入堂论政。

02
"无为"下的混乱

汉初推崇黄老之说,主张"无为而治"。所谓的无为就是统治者少干涉百姓们的事务,既不像秦朝法网密布,稍有不慎就会遭到刑罚;也不像儒家,使人一言一行都有许多规矩,稍有不慎就被认为失礼。

宽松的黄老之学给社会以较多的自由,使人们可以在较大程度上根据自己的意愿而活动,这一套理论非常适合当时汉朝的要求,于是出现了"文景之治"的局面。

可随着时代的发展,"无为而治"的弊端,也逐渐显现了出来。不少有识之士认识到,这种情况亟须整治,否则就会危及皇帝的安全,甚至天下大乱。于内,它只能使百姓自食其力,解决温饱问题,却无法使国家富强。而且朝廷较为放任的态度,使得诸侯国野心膨胀,之前发生的七国之乱便是证明。于外,黄老之学讲究不争,不能威慑周边蛮夷,再加上国力不足,只能任由匈奴屡屡寇境,汉朝只能靠着"和亲之策",求得一时安宁。

汉武帝登基之后,也发现了这些问题,于是开始尝试改变"无为"当道的局面。之后窦太后的侄子窦婴、汉武帝的舅舅田蚡,在继任丞相后,也推行尊儒的政策。然而这一切遭到了窦太后的极力反对。窦婴、田蚡被解职,其他相关人士甚至被杀。

尊儒虽然失败,但这次事件也说明,黄老术的支持者仅剩下窦太后一人而已，儒术在朝廷上的复兴已是指日可待的事。建元六年（前135年），窦太后崩，所有的一切，都为董仲舒的出场做了铺垫。

03
三问三策答，儒学百家先

汉武帝掌权后，让各地举荐贤良，董仲舒被推举参加策问。汉武帝连续对其进行三次策问，基本内容是有关天人关系问题，所以这三次策问也就是我们熟知的"天人三策"。

董仲舒的思想体系到底是什么，为什么会受到统治者的青睐，主要就体现在这"天人三策"之中：

第一，通过"天人合一""君权神授"的思想来稳固政治，加强集权。董仲舒在回答汉武帝如何使国祚绵长的问题时开宗明义："臣谨案《春秋》之中，视前世已行之事，以观天人相与之际，甚可畏也。"这句话指出，君主是上天和人的联结点。因此，只要君主能够秉承天道，上行下效，则国家就会强盛，王道就会彰显，福禄就会长久。

董仲舒指出："为人君者，正心以正朝廷，正朝廷以正百官，正百官以正万民，正万民以正四方。……天地之间被润泽而大丰美，四海之内闻盛德而皆徕臣，诸福之物，可致之祥，莫不毕至，而王道终矣。"

紧接着他强调：国家失道，天降灾异。反过来也就是说，国家不失道，天就会降下祥瑞。这其实是一个很古老的思想，然而董仲舒对这个思想做了一点改动。当君主做错了事情，上天不会直接惩罚，而是警告，最后才处罚。这正好符合了孔子的"不教而杀谓之虐"。即对人进行处罚的时候，应当先进行教育。因此，即便君主有了一些过失，只要能够重视上天的示警，及时更正、调整，亡国之难也不会降临。这样的回答正符合汉武帝的需求。同时，董仲舒又将阴阳家的阴阳五行融入这套理论中，让皇帝掌握了对上天示警的解释权。

第二，针对汉武帝提出如何治理国家的问题，董仲舒提出兴建太学选拔人才，取消任子訾选制。也就是官员要从太学生中选拔，或者由郡县推举"孝廉"。这是从中央和地方两个层面设计的人才选拔系统，是对当时人才选拔制度的重大突破。从中央层面，设立太学以招揽天下贤士。同时，请各地地方长官向中央推荐人才，并且通过对他们推选的人才进行考核验收来看他们是否称职——推举好的人才有赏，推举了不好的"人才"则有罚，这样，各地长官就会尽心推举真正的人才，最终达到野无遗贤的效果。

第三，建立大一统理论，用儒家礼教教化民众，同时提高政府效率。所谓的大一统，并非我们现在理解的统一的国家，而是指在同一个国家里，从君主到万民应该有一个统一的思想理念，诸侯、百官不能根据不同的学说各行其是。因此董仲舒提出了"罢黜百家，表彰六经"的建议："臣愚以为诸不在六艺之科孔子之术者，皆绝其道，勿使并进。邪辟之说灭息，然后统纪可一而法度可明，民知所从矣。"

没有证据表明汉武帝完全接受了董仲舒的意见，但《汉书》上记载："推明孔氏，抑黜百家。立学校之官，州郡举茂材孝廉，皆自仲舒发之。"也就是说，独尊儒术，其实是千百年来，学术正式融入政治的起点。

历史上对于董仲舒的评价，向来褒贬不一。有人说他提出的天人感应成为汉武帝穷兵黩武的导火索，他提出的大一统思想让两千年来的中华民族，受尽了封建礼教的束缚；也有人说，董仲舒的学说奠定了两千年来中华民族的政治文化基础，也让大汉帝国在中国历史上留下了浓墨重彩的一笔。或许董仲舒的出现，是解决汉朝历史问题的必然。

董仲舒由于性情耿直，未能在朝为公卿，晚年闲居在家，著书立说，朝廷每有大事，往往派使者咨询。太初元年（前104年），董仲舒病逝家中，葬于长安西郊。有一次汉武帝经过他的陵墓，感怀他为汉朝立下的功劳，下马致敬。从此，董仲舒的陵墓又被称为"下马陵"。

董仲舒一心向儒，一生传道。言语闲静后，不慕荣利前，在前行的路上，一步步成了万世之明灯。他用自己的经历告诉我们：心之所向，素履以往，哪怕山行野宿，亦会孤身万里。

朱熹:"四书"出于此

其为学,大抵穷理以致其知,反躬以践其实,而以居敬为主。尝谓圣贤道统之传散在方册,圣经之旨不明,而道统之传始晦。于是竭其精力,以研穷圣贤之经训。……熹没,朝廷以其《大学》《语》《孟》《中庸》训说立于学官。

——《宋史·朱熹传》

01
儒家的失守

建炎四年(1130年)五月,经过三个月艰苦卓绝的战斗,岳飞带领将士们冲下牛头山,大破金军,进据新城。这是靖康之耻以来,岳家军取得的第一次辉煌的胜利。他们乘胜追击,收复了建康府,让风雨飘摇的南宋王朝得到一丝喘息的机会。

南宋王朝百废待兴。而对于宋朝的士大夫来说,有一件最重要的事迫在眉睫,那就是重振儒学。可能你会产生疑惑,自从汉武帝罢黜百家，儒家一直不都是官方正统的学说吗？何谈复兴？

其实早在唐朝时期，儒家就日渐式微，越来越多的士大夫开始修佛修道。因为在他们看来，儒家的"道义"已经不具备让他们继续遵从规则的说服力，这让儒家的传承者如韩愈等人，倍感压力。

其实要说其中的原因，也很简单，那就是一千多年以来，儒家思想的理论很不完备，没有内在的逻辑性，最重要的是它缺乏一个"终极真理"。也就是说，儒家的思想没有给人们指明通往目标的方向，也没有告诉人们具体的修行方式与原理。虽然那个时候的佛教理论也不算太完备，但比儒家这种将终极问题悬置不论的情况要好。

何况，发展到宋朝时的佛教理论体系不仅完备，还有很多满足不同阶级需求的流派，并且给你指出了修心的意义和具体的方法，甚至塑造了佛祖、菩萨等各类神明的不同作用的塑像，让你能有求告的目标。于是不少儒家学者也都投靠佛教的阵营。

难道流传千年的儒家文化真的要就此没落？就在岳飞收复建康府的这一年，肩负着中兴儒家使命的人降生了，他就是朱熹。

02
年幼立志

建炎四年九月十五，朱熹出生于今福建省尤溪县。传说，他出生的时候右眼角长有七颗黑痣，排列如北斗，仿佛生来就携带着某种使命。

朱熹年少聪慧，博览群书，在五岁时便能读懂《孝经》，并在书中题字以自勉。虽然父亲很早就亡故了，但父亲临终前将他托付给了自己的好友，并且请来了三位学识渊博的儒者当朱熹的老师。

朱熹没有辜负父亲和养父的期待，在他二十一岁的时候，就通过进士的铨试入朝为官。当时能通过铨试拿到具体职位是很有难度的。按理说，年少有为，肯定充满了干劲，然而，朱熹却发现在朝堂上"妄佛求仙之世风，凋敝民气，耗散国力，有碍国家中兴"。

当时，无论是民间还是士大夫阶层，都有相当多人把自己的精力、财产用在了求神拜佛上。这也难怪，当环境中的不确定性越强，利害关系越大，人对心理依托的需求就越强。初入仕途的朱熹，就发下一个愿景，要承担起复兴儒学的历史使命。他决心不问仕进，进行教育和著述活动。于是他拜当时洛学大家李侗为师，以承袭二程洛学的正统。

所谓的洛学，是北宋时期的大儒程颐、程颢所创办的学说。

北宋的学术风气很盛，儒家知识分子争相做学术名家，自觉不自觉地吸引门人弟子。在儒家的学术传统里，最高级的事业是给经典作注，借用现成的经典阐发个人见解。而洛学观点的核心在一个"理"字，所谓的理，指的是自然界的客观规律。理学，就是通过观察自然存在的客观规律，来作用于自身的修行中。

乾道五年（1169年）九月，朱熹的母亲去世，朱熹建寒泉精舍为母守墓。在这期间，是他学问集大成的第一步，他专心地研究学问，一做就是六年。在此期间他还编修了影响后世几百年的《近思录》，这部书汇聚了北宋理学家周敦颐、程颢、程颐、张载的语录。这个事件在历史上被称为"寒泉著述"。

在"寒泉著述"期间，朱熹还和心学的开山鼻祖陆九龄、陆九渊展开了激烈的辩论。在大多数人的印象里，理学和心学好像是相反的两个流派。然而在王阳明以前，陆九渊的心学其实是理学的分支。他们就两个命题进行了辩论——心与理。

朱熹认为心与理是两个不同的概念，理是本体，心是认识的主体。二陆主张心与理是一回事，坚持以心来统贯主体与客体。朱熹与陆氏兄弟在鹅湖寺论辩、讲学达十日之久。鹅湖之会并没有达到双方统一思想的目的，但是他们各自对对方的思想及其分歧有了进一步认识，促使了他们对自己的思想进行反思，也为日后程朱理学和陆王心学分庭抗礼打下了基石。

03
孟子封圣

不过那个时候的朱熹,并不太在意是陆九渊正确还是自己正确,他一门心思想要为儒家寻找到一个"终极真理"。在投身佛教的儒者们看来,先秦的圣贤们固然伟大,但他们的眼光只盯着当下的社会,分析当下的社会如何不好,如何恢复古制度让社会"返璞归真"。比如孔子一直宣扬着克己复礼,而孟子也到处宣扬恢复井田制的好处。

在春秋战国时期,那种思想固然有其存在的价值。然而一千年过去,那时候的封建制早已变成了中央集权制,曾经的大家族小社会已经变成了小家族大社会。因此人们的社会责任感有所下降,士大夫不再像孔孟一样把全部心血都放在心怀天下上,也会思考一下自己个人的修行。

那孔孟给出的准则是什么?很简单:成为为了道义可以奋不顾身的君子。

这个标准说来容易做来难,但这不是主要的,更重要的是:为什么要坚持这些原则?这些原则能给人们带来什么好处呢?这些问题孔孟就没办法回答了,他们只能回答:"此乃先王之道也。"为什么先王之道就应该坚持呢?他们会说,因为周朝初期施行先王之道,国泰民安。

但是,他们都忽略了一点,其实并非人们心中的道德变了,而是社会结构变了。他们遵循的礼法，却依然处于一成不变中。传统儒家理论仅仅停留在政治和伦理层面，对"终极真理"悬置不论，而佛教、道教在某种意义上解决了这个问题。

就在朱熹迷茫的时候，突然想起了《孟子》的一个观点，这个观点也给了他很大启迪——性善论。

人有四种与生俱来的善心：恻隐之心、羞耻之心、辞让之心、是非之心。它们分别是仁、义、礼、智的萌芽，即善的根源，也就是要修行儒家之道的原因。

如果有人再问儒家："为什么要修善？"就可以回答："因为天理至善。"

"那为什么又有恶？""人性一分为二，有天命之性，有气质之性。前者来自天理，也就是自然存在的规律和心灵本身，所以善；后者来自肉身和后天形成的欲望，所以恶。"

那应该怎么做？朱熹回答："存天理，灭人欲。"而具体的修行方法，朱熹在编修《大学》的时候总结出来了。

所谓的大学，就是大人之学，也就是统治之学。《大学》开宗明义："大学之道，在明明德，在亲民，在止于至善。"意思很明确，"大学之道"一共只有这三项：明明德、亲民、止于至善，可以统称为"三纲领"。接下来分讲格物、致知、诚意、正心、修身、齐家、治国、平天下，一共八项，统称为"八条目"。《大学》所谓"三纲八目"，指的就是这些。

而在原本的《大学》中，"三纲八目"除了格物、致知这两条，均没有相应的解释，而朱熹这时候把它补充完整了。"格物致知"就是说探究事物的本质来获得知识，也就是所谓的追寻天理。

同时朱熹又像韩愈一样，从佛教中抽调出概念，点出儒家的"道统"，表示儒家之所以没落是因为董仲舒及其之后的儒家对孔孟进行曲解。朱熹阐述的这些内容，恰恰是宋朝儒家最需要的。性善论为儒家落实了终极依据，"三纲八目"的修行方法，填补了儒家实操方面的空白。这套方法被重新包装出来，完全可以和佛、道两家的修行功夫抗衡。

绍熙元年（1190年），六十岁的朱熹对《大学》《中庸》《论语》《孟子》做了注解，后人把它们合称为《四书章句集注》，经学史上的"四书"之名才第一次出现。影响元明清三代科举考试的程朱理学就此成形。儒学的理论框架，达到有史以来最完善的地步。儒家也慢慢地回归"正统"，再次成为官方的显学。

04

晚年的凄凉

庆元二年（1196年）十二月，六十多岁的朱熹早已还居家乡。时任监察御史的沈继祖因反对朱熹的学说，以捕风捉影、移花接木、颠倒捏造手法奏劾朱熹"十大罪状"。而曾经被触及利益的朝廷权贵，对程朱理学掀起了一场大清洗，诬陷它为"伪学"。他们开列了一份五十九人的伪逆党籍，朱熹被斥之为"伪学魁首"，有人竟提出"斩朱熹以绝伪学"。

朱门子弟流放的流放，坐牢的坐牢，遭到严重打击。三年后，朱熹被各种疾病困扰，他感到自己大限将至。然而，他的理学著作还差一些才能完成，于是他不顾疾病挑灯著述。

第二年春天，朱熹足疾大发，病情恶化，生命垂危，左眼已瞎，右眼也几乎失明。朱熹仍然坚持自己此生惯行的愿望——将自己生平的所有著作全部完稿，使道统后继有人。是年三月初九，七十岁的朱熹在血雨腥风的"庆元党禁"运动中去世。虽然当时当权者明令禁止为朱熹大办葬礼，然而他的信徒从四方赶来，为他举行了大规模的会葬，参与的人数竟有千人。

朱熹死后，被谥为"文公"，赠宝谟阁直学士。十七年以后，宋理宗才算是为朱熹正名，赠太师，追封信国公，后改封徽国公。

王阳明：唯心主义"阳明学"

> 守仁天姿异敏。年十七谒上饶娄谅，与论朱子格物大指。还家，日端坐，讲读《五经》，不苟言笑。游九华归，筑室阳明洞中。泛滥二氏学，数年无所得。谪龙场，穷荒无书，日绎旧闻。忽悟格物致知，当自求诸心，不当求诸事物，喟然曰："道在是矣。"遂笃信不疑。其为教，专以致良知为主。……学者翕然从之，世遂有"阳明学"云。
>
> ——《明史·王守仁传》

王阳明原名王守仁，字伯安，别号阳明。他出身于诗礼之家，世代簪缨，门第显赫；他自幼智慧过人，十岁时便能即兴作诗；他上马为将，下马为师，在朝美政，在野美俗。

曾国藩说："王阳明矫正旧风气，开出新风气，功不在禹下。"这"新风气"便是指他创立的阳明心学。阳明心学自其诞生之时起，便与时代脉搏融而为一，呈现出了经久不衰的态势。

01
心即理,内心感受世界

在那个"学会文武艺,货与帝王家"的时代,科举考试是无数文人学子梦寐以求的大事。但在王阳明眼中,"科举并非第一等要紧事",他认为天下最要紧的是:读书做圣贤。

当时的明朝,程朱理学是主流思想。程朱理学提倡格物穷理之说,认为普遍的天理蕴含在具体的事物之中。因此,要寻天理,必须借助格物这一手段。

格物的"格"就是研究,要今日研究一物,明日研究一物,将具体事物暗藏的道理研究周遍,积累到一定程度后,你便能恍然大悟了。

少年时期的王阳明起初也是相信格物致知的,所以他选择了"格竹"。他独对幽篁,如老僧入定,静静地看着眼前这片竹林,感受着竹林中的风吹草动,体察竹子细枝末节的变化。就这样,整整七天,他废寝忘食,期待着恍然大悟。然而,王阳明最终积劳成疾也未能有所顿悟。这就是中国哲学史上著名的"阳明格竹"。

从此,王阳明对格物这一方法产生了极大的怀疑。直到二十年后,身在贵州龙场的王阳明才终于领悟到自己心中的真理:万事万物都不在心外,而是在我们的内心之中。这便是,心即理。

比如孝顺父母这件事,如果说孝顺父母的道理在书本上,那是否人不读书就不会孝敬父母呢？是否父母不在人世后，孝顺父母的理就随之而去了呢？显然并非如此。

当王阳明用"心即理"的眼光来看待万物时，他发现了一个崭新的世界，少年时冥思苦想的格竹难题也豁然开朗。"圣人之道，吾性自足，向之求理于事物者，误也。"这便是王阳明"龙场悟道"得出的结论。

有一天，王阳明和朋友游南镇，一位朋友指着岩中花树问："天下无心外之物，如此花树在深山中自开自落，于我心何关？"

王阳明答道："你未看此花时，此花与汝心同归于寂；你来看此花时，则此花颜色一时明白起来，便知此花不在你的心外。"

这看似是唯心主义，实则不然。王阳明的"心外无物"哲学并非指心产生了万物，而是指心认识了万物。其精髓就在于：教人以本心去感受这个世界。

程朱理学看似逻辑严密，却从本源上误入歧途，越格物越支离；阳明心学，看似简约无章法，却从本源处下手，越悟越光明。阳明心学可以说是对程朱理学的一次叛逆，也可以说是王阳明在追求程朱理学成圣之道上的一次突破。

02

知行一,道德需要落实

王阳明在参悟"心即理"之后,便紧接着提出"知行合一"的思想。他这样解释"知行合一":知是行的主意,行是知的功夫。知是行之始,行是知之成。认识事物的道理与在现实中运用此道理,是密不可分的。德是人行为的指导思想,按照道德的要求去行动才能获得良知。

王阳明在讲学之时,最注重一个"磨"字。若没有时时在事上磨炼的功夫,那么良知必然变成口头上的学问,遇到事情时便会犯糊涂。

王阳明之所以能够提出"知行合一"的思想,这与他的经历息息相关。少年王阳明格竹失败之后,便按照父亲的指示,开始准备参加科举考试。十年后,二十八岁的王阳明考取进士,踏入仕途。当时北方政权侵犯明朝北疆,王阳明忧国忧民,上《陈言边务疏》给朝廷,但他的上疏如同石沉大海,杳无回音。

王阳明发现,此时的朝廷官员固守程朱理学,只知循规蹈矩、敷衍了事,整个官场犹如一潭死水。他们虽然深知德行道理,但却选择明哲保身,没有人敢挺身而出,履行正义之道。难道这就是学子们想要努力成为的样子吗?这就是士大夫们口口声声说的"治国平天下"吗?

虽然考中了进士,又得以入朝为官,但王阳明仍感觉自己一事无成。官员的冷漠、官场的黑暗、朝廷的昏庸，让王阳明十分苦闷，自己的所学所想亦无从施展。王阳明第一次意识到，道德只有落实在实践上，才是真知。

他是这样想的，也是这样做的。当时年幼的明武宗即位后，太监刘瑾等人擅政专权，大力排斥朝中大臣。王阳明面临着两种选择，一是明哲保身，二是直言不讳。选择前者，可以确保仕途无虞；选择后者，必将招来牢狱之灾。

是活在违心的现实里，还是按照心的指引前行？王阳明明知山有虎，偏向虎山行，他挺身而出，冒死谏言，痛斥奸小擅权的弊病。此举触怒了刘瑾，于是王阳明被廷杖四十，险些送命，日后又被贬为贵州龙场驿驿丞。但让人没想到的是，正是这条贬谪之路，成就了阳明心学。

03
致良知，成圣便是成己

十年悟道万世功，王阳明在龙场悟道转眼已有十年之久。是金子总会发光，他得到了当时兵部尚书王琼的赏识，被提拔为都察院左佥都御史，镇压当时江西、福建等地祸乱已久的盗贼。

王阳明到任后，知道官府中有不少人是盗贼的耳目。于是便恩威并施，让他们侦探盗贼的情报，因此掌握了盗贼的动向。随后,王阳明合兵一处,精准打击,不到一年,就荡平了为患数十年的盗贼,附近的百姓都惊呼王阳明是神。

不过,这次武装镇压也让王阳明深刻意识到了一个问题——破山中贼易,破心中贼难。那些盗贼与那些被盗贼残害的百姓,曾经都是父老乡亲,但为什么有些人却拿起了屠刀呢?在盗贼的心目中,还有良知吗?他们还能否回归为民呢?

正在王阳明思考这个问题的时候,宁王朱宸濠发动了叛乱,于是王阳明奉旨前去平叛。王阳明工作效率极高,仅仅历时三十五天便平定了叛乱,然而,他对于这次胜利并没有丝毫的喜悦。

平定盗贼和宁王的过程中,王阳明意识到自己以前的学说,一则发本心,一则强调知行合一,但本心之知与外在之行,依旧断为两截。一个人就算心中有良知,也会做出违反道德的事。

所以,王阳明提出了"致良知"的新思想。如果你的行为都能达到你自己内心良知的要求,能遵从你自己内心良知的指示,那你就是真圣贤。"致良知"是阳明心学最为核心的思想,就连他自己也说:"吾平生讲学,只是'致良知'三字。"

王阳明年少时曾思考如何成为圣贤,现在他终于找到了答案。成圣的基础是人的先天良知,良知是人人都有的,所以人人都可以成为圣人。

《传习录》中记录了这样一段故事:一天,王阳明的一个徒弟出游,王阳明问他:"你出游见到了什么?"徒弟回答:"见满街都是圣人。"王阳明笑道："你看满街都是圣人，满街人倒看你是圣人。"

不过，这并不代表满街人已是圣人，普通人只是潜在的圣人，具有进入圣人之境的潜在可能，而想要成为圣人，还必须下一番致良知的功夫。这番功夫便是不隐瞒本心，便是心理合一、言行合一，真真切切地依循本心去做，成为真正的自己。

王阳明将自己的思想总结为四句话："无善无恶心之体，有善有恶意之动。知善知恶是良知，为善去恶是格物。"王阳明的一生，如同一颗闪烁于夜空中的明星，照亮了世人成圣的道路。他一生无欲无求，待留下一句"此心光明，亦复何言"后，含笑而去。

圣人已逝，往事已矣，可阳明心学依旧如那长江黄河，生生不息。阳明心学历经世事浮沉，仍为世人所青睐，这或许正是因为它能让我们成为最好的自己，成为一个具有良知的有德之人！

黄宗羲：君主专制的改革者

> 戊午，诏征博学鸿儒。掌院学士叶方蔼寓以诗，敦促就道，再辞以免。未几，方蔼奉诏同掌院学士徐元文监修明史，将征之备顾问，督抚以礼来聘，又辞之。……上曰："可召至京，朕不授以事。即欲归，当遣官送之。"乾学对以笃老无来意，上叹息不置，以为人材之难。宗羲虽不赴征车，而史局大议必咨之。
>
> ——《清史稿·黄宗羲传》

明末清初，是山河破碎、豪杰并起的乱世。激荡的岁月中，乱世枭雄们努力追寻权力的王座；而心怀天下的仁人志士却超脱了功名利禄，潜心反思王朝兴衰更替的不变法则。几个孤单的身影，在沧海横流中毅然前行，为天地立心，为生民立命。黄宗羲，便是其中的佼佼者。

01
华夷之辩卷土来

1644年,崇祯皇帝朱由检用颤颤巍巍的双手举起白帛,自缢于煤山。伴随着他的自缢,大明王朝在风雨飘摇中土崩瓦解。纵然有南明小朝廷的最后挣扎,也不过是逆历史潮流的徒劳对抗。

自古以来,末路王朝的全面崩塌,绝对不会以任何人的意志为转移。明帝国的废墟之上,大顺政权正高调宣示着他们的胜利。可李自成等人万万没想到,他们不过是偶然抓到蝉的那只螳螂。真正的黄雀,此刻正在山海关外虎视眈眈。

八旗铁骑入关后,便有一群反清复明的义士高举大旗,在大江南北四处奔走,希望能够赶走建州女真,恢复大汉天下的秩序。其中便有黄宗羲,但他更为杰出的成就是:打破环境束缚,提出前瞻性的思想,这也是他与王夫之、顾炎武被后世尊为明末清初的三大思想家的重要原因。

02
天下为主君为客

1610年,黄宗羲呱呱坠地。按照年龄来说,他刚好比崇祯皇帝大一岁。当时,有着"九千岁"之称的大太监魏忠贤一手遮天,并残酷压制那些敢于反抗他的人。黄宗羲的父亲,就死于魏忠贤的迫害之下。

尽管后来崇祯皇帝剿灭了魏忠贤的阉党势力,但整个明朝的国运已经日益衰颓,最终被更具朝气的挑战者所替代。

明朝灭亡之时,黄宗羲正值壮年。作为一个有血性的知识分子,他义无反顾地投身到抗清事业中。在黄竹浦,黄宗羲散尽家产,招募了六百余位青壮年,组建起"世忠营"。但由于战斗力过于悬殊,黄宗羲的部队很快就被清朝正规军打得七零八落,他本人也开始了长期的流亡生涯。

流亡的岁月,沿途随处都有不可预测的危机,每天都在诚惶诚恐的心态中度过。但即便如此,黄宗羲也没有放弃思考。他一边面对来自清廷的通缉,一边揣摩历史,总结过去,希望探索出具有普遍性的规律性结论。

康熙继位后,清廷对抗清义士的追捕逐渐放缓,客观上让黄宗羲有了更加充裕的治学和创作时间。很快,他就写下了《明夷待访录》《明儒学案》等思想巨著。在《明夷待访录》的系列篇目中,黄宗羲就深度探讨了君主与国家、与人民的关系:

第一,黄宗羲指出,历代专制王朝的法只是"一家之法,而非天下之法"。所有的法规和律令,都只从统治者家族本身出发,并没有兼顾天下黎民的切身利益。

第二,黄宗羲认为,君主不是人民的先天统治者,而是要履行职责的后天管理者。这一点上,他跟孟子"民为贵,社稷次之,君为轻"的看法很相似。

第三,黄宗羲主张,宰相这个职位必须恢复。明清时期的相位,完全就是个虚设,跟秘书没啥区别。想要有效遏制君主的专权,发挥行政官员的主观能动性,提高行政效率,就必须让宰相来承担"政府首脑"的工作。

通过黄宗羲的一系列主张,我们可以看出,黄宗羲绝对算得上冲破时代枷锁,在茫茫迷雾中拨云见日的先知。与他齐名的王夫之、顾炎武等人,也有着同等高度的真知灼见,他们三人成了明末清初中国知识分子的杰出代表。

感叹之余,我们不禁掩卷沉思:为什么黄宗羲这样的思想,刚好在17世纪的中华大地出现呢?

03
社稷应为苍生计

因为到了明清时期,君主专制已经无法良好适应经济社会发展的要求。无论精英还是平民,都对这种制度越来越抵触。要知道,在大明之前的所有朝代,君主的权力多少都会受到一定限制。

比如在唐朝,政府实行三省六部制,中书省和尚书省的权力就很大。哪怕在朝堂之上,尚书左丞魏徵都敢拉着李世民的衣袖，逼着他承认错误才肯放手。对此，李世民怒不可遏，在事后咬牙切齿地说："老东西你等着，我肯定要把你杀了。"可即便是盛怒之下的唐太宗，也只能在口头上吓唬魏徵，因为皇帝没法越过三省而"为所欲为"。

到了宋朝，虽然宋太祖通过"杯酒释兵权"和禁军制度削弱了地方军事力量，加强了中央集权，但表面上，宋朝历代皇帝还是保证了大臣们，尤其是文官相当的建议权和行政处置权。可朱元璋建政后，不仅废掉了宰相，还大大强化了对整个王朝的监控与管制。对他来说，文官集团的意志与判断并不重要，因为最终的裁定权都在他这个九五之尊身上。

渐渐地，文官们不仅不敢针砭时弊，而且还人人自危，不求有功，只求无过，不敢重拾为民请命的责任，不敢直面高高在上的君王。对此，黄宗羲也在《原臣》一文中大声疾呼："为天下，非为君也；为万民，非为一姓也。"在他看来，朝廷迫切需要脱离家天下的专制守旧状态，朝着为天下的开明统治转变。

1678年，康熙以诏征"博学鸿儒"为由，恳请黄宗羲出山，遭到婉拒。两年后，康熙侧面迂回，又以民间史料编纂与学术研究为由，最终让黄宗羲答应出山，贡献其毕生智慧。

作为大一统帝国的君主，康熙为什么不提防这个曾经反抗清廷的前朝大儒，反而如此礼贤下士呢？因为黄宗羲虽然反对君主专权，但他并不反对君主制度。在他看来，君主作为一国之主是必然要存在的，只是需要以宰相为首的政府部门协助，并且要把民众放在首位,这样的政府才能够建立长久稳固的秩序。

04
心即理来致良知

对比明末清初三大思想家,他们三人的个性差异显而易见。王夫之偏沉稳,顾炎武偏热血,唯独黄宗羲不冷不热,守中用中。

父亲被阉党残害,他没有一味责怪魏忠贤,反而悉心探究崇祯皇帝的所作所为,探索君主制度下兴衰更替的秘密。作为前朝知识分子,他能够放手一搏时,那便放手一搏。当认清力量悬殊的现实后,他反而更加释然和洒脱。一边逃避清廷的追捕,一边研究君主与天下的关系。

毫无疑问,黄宗羲是一个极端睿智,且颇具前瞻性的思想家。他不仅理性思辨了君主专制制度的弊端,同时还凭借高超的认知,解读了税制改革和农民压力之间的关系。以至于后来,学术界甚至出现了一条经典的"黄宗羲定律"。

穷极一生,黄宗羲没能看到心之所向的理想社会,但他的智慧和精神,却始终激励着一代又一代的改革家不屈奋斗。

第三章 唐宋八大家

韩愈：有文采，有勇气

宪宗谓宰臣曰："昨得韩愈到潮州表，因思其所谏佛骨事，大是爱我，我岂不知！然愈为人臣，不当言人主事佛乃年促也。我以是恶其容易。"上欲复用愈，故先语及，观宰臣之奏对。而皇甫镈恶愈狷直，恐其复用，率先对曰："愈终大狂疏，且可量移一郡。"乃授袁州刺史。

——《旧唐书·韩愈传》

01
频频落榜，命运多舛

韩愈，字退之，河南河阳人，他自称"郡望昌黎"，世称"韩昌黎""昌黎先生"。父亲韩仲卿和叔父韩云卿，都与李白相识。李白为其父写碑文，给其叔父赠诗"韩公吹玉笛，倜傥流英音"。有如此优秀的父辈，韩愈定能受到良好的教育。然而，现实却不尽如人意。

韩愈只有两三岁的时候，父母先后去世。从此，他由哥哥韩

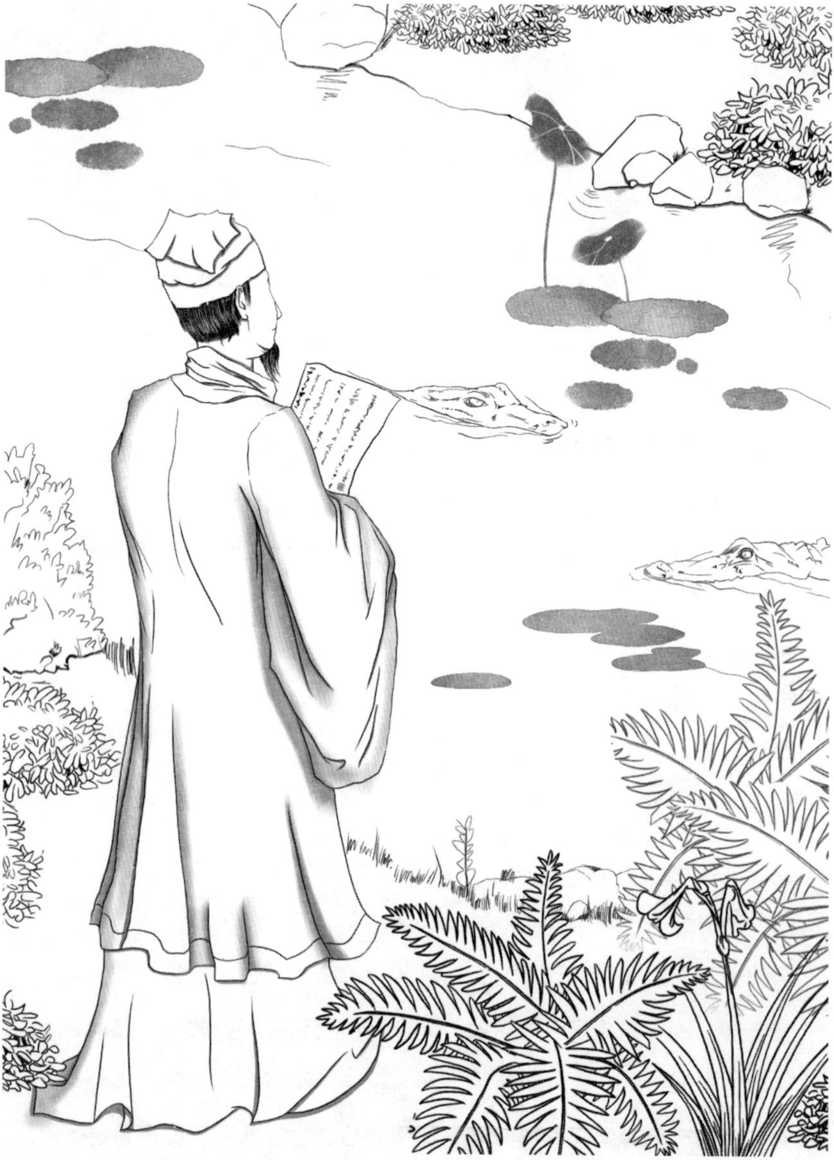

会和嫂子郑氏抚养。可老天爷偏偏还觉得韩愈的身世不够悲苦，十三岁那年，哥哥韩会因政治斗争不幸亡故。

家族的衰落、一家大小的生计、孩子教育的压力，全都落到嫂子郑氏肩上。好在韩愈很争气，他遗传了家族的文化基因，聪慧好学，言出成文。

李汉《韩愈文集序》中记载，他"自知读书为文，日记数千百言"。读书，是韩愈唯一能选择的出路。

"我年十八九，壮气起胸中。"带着雄心壮志，十九岁的韩愈来到长安，参加科举考试。可满怀希望而来，却名落孙山。韩愈感到羞愧，又有些不甘。之后，他接连又考了两次，可还是没有考中。

除了多次落榜的压力，他要面对的，还有生存的艰难。在后来的《殿中少监马君墓志》中，韩愈回忆道："我参加科举考试，穷困潦倒到没办法活下去。"所幸，韩愈遇到了贵人——北平郡王马燧。韩愈的堂兄曾效力于马燧麾下，随军出征时战死。因为这层关系，马燧给了韩愈一份差事。

贞元八年（792年），二十四岁的韩愈第四次参加科考，终于考中进士。可考中了进士就能做官吗？接下来，命运又给韩愈设了一道坎儿。做官要参加吏部组织的博学宏词科，韩愈考三次，均未通过。最后，为了谋求生计，韩愈只能先到节度使的幕府中做幕僚，等混够政治资本后，再回朝廷做官。

幕府生活枯燥单调，后来经人介绍，韩愈终于在国子监做了四门博士。韩愈广收弟子,诗人张籍、李贺、贾岛皆为"韩门"弟子。在这个微不足道的岗位上,韩愈写出了振聋发聩的《师说》。

这篇《师说》是赠给弟子李蟠的,韩愈也借此说出了自己的心声:"是故弟子不必不如师,师不必贤于弟子,闻道有先后,术业有专攻,如是而已。"

02
心直口快,心性耿直

韩愈不光与坎坷命运斗,与艰难生活斗,还要与时代相斗。这第一斗,便是戳破朝廷高官的谎言。

贞元十九年(803年),关中大旱,民不聊生。为百姓忧心的韩愈怎么看得下去?早在之前,韩愈还在自荐信中称赞京兆尹李实治安有成效。可看到民间百姓的真实情况,他看清了李实的真面目。于是,他果断摆正立场,给皇帝上了一道奏折《御史台上论天旱人饥状》。

奏章中,韩愈描述当时京都"弃子逐妻以求口食"的惨状,更直指李实蒙蔽之罪。可最后,韩愈收到的是一封贬谪之书,他被贬到了距离长安四千里远的广东阳山。怀着一腔愤懑,韩愈写下《利剑》一诗:

我心如冰剑如雪，不能刺谗夫，使我心腐剑锋折。

　　命运沉浮依旧，806年，韩愈迎来了人生的转机。这一年，唐宪宗登基，韩愈奉召回长安，做了国子博士，官至五品。元和十二年（817年），淮西节度使吴元济造反。叛军派刺客暗杀了宰相武元衡，裴度也被刺伤。朝野震动，群臣就"战与和"问题展开了激烈讨论。

　　就在这个关键时刻，韩愈秉持着建功立业的志向，二斗朝廷。只不过这一次，他上了一道奏折《论淮西事宜状》。其中一句"所未可知者，在陛下断与不断耳"，让唐宪宗下定决心出兵。

　　裴度临危受命为淮西宣慰招讨处置使前往平叛，韩愈担任行军司马。他向裴度献出一条妙计："叛军主力都在前线，老巢蔡州只留下千余人的老弱残兵。主帅只要给末将三千兵马，末将抄小路偷袭蔡州，定能活捉吴元济！"

　　在裴度还在犹豫的时候，将士李愬已经从文城带兵雪夜入蔡州，果然活捉了吴元济。淮西平定后，韩愈随裴度回朝，做了刑部侍郎，并且奉诏写下记录战功的《平淮西碑》。

　　官做得越来越大，韩愈喜欢说真话的性情却从来没有改变。元和十四年正月，唐宪宗派使者前往凤翔迎佛骨，这是长安的大事，连皇帝都崇佛，黎民百姓更是疯狂。就是这样一派崇佛狂潮,韩愈偏偏"不平则鸣",要与时代相搏。

韩愈写下历史上著名的《论佛骨表》,言辞激烈,直接批判"佛不足事,亦可知矣"。唐宪宗一怒之下,把他贬为潮州刺史。被贬出长安那天,行至蓝田时,大雪纷飞,韩愈的侄孙韩湘来送行。韩愈含泪写下了《左迁至蓝关示侄孙湘》:

> 一封朝奏九重天,夕贬潮州路八千。
> 欲为圣明除弊事,肯将衰朽惜残年!
> 云横秦岭家何在?雪拥蓝关马不前。
> 知汝远来应有意,好收吾骨瘴江边。

与时代相搏,为盛世除弊事。即使韩愈不甘,但心中绝无后悔之意。

03
年过半百,挺身而出

韩愈被贬到潮州后,也没闲着。他为百姓解决了一个大问题,那就是鳄鱼之灾。

潮州城西有一个大水潭,潭中的鳄鱼像强盗一样,肆无忌惮地吞噬农民家的牲畜。韩愈得知后,要为民除害,于是,他向鳄鱼宣战。

韩愈写了一篇《鳄鱼文》，说白了，就是一篇讨伐鳄鱼的文章。他率领各位官员来到潭水边，先命令手下向潭水中投入一头猪一头羊，作为给鳄鱼的见面礼。接着，他开始宣读自己写的《鳄鱼文》。

韩愈先说先帝为老百姓除掉有害的虫蛇的功绩，接着，他指出鳄鱼对百姓的危害。然后，韩愈摆明立场，说自己"承天子命以来为吏，固其势不得不与鳄鱼辨"。

最后，他给鳄鱼下了命令：三天之内，请鳄鱼率领自己的家族南徙于海。如果三天不能，那就将时间宽限到五天，最多到七天。如果还不搬走，那就"操强弓毒矢"，全部杀完为止，到那时千万不要后悔！

据《旧唐书》记载："当天傍晚，潮州暴风雷起。几天后，潭水干涸了，鳄鱼也迁到潭水西部六十里的地方。从此，潮州人再也不用担心鳄灾了。"

一文退鳄鱼，尽管听起来带有神话色彩，但不得不说，韩愈为百姓做了不少事情，以至于潮州有座山，原本叫笔架山，韩愈来了之后，就成了韩山；潮州还有条江，叫鳄溪，他来之后，就成了韩江。

在潮州待了七个月后，韩愈收到了赦免令。元和十五年，韩愈奉召回京，担任国子监祭酒。

长庆元年，五十三岁的韩愈本该颐养天年，但就在这一年，镇州发生了兵变。成德节度使田弘正被部将王廷凑所杀，王廷凑自立为节度使，朝廷无力镇压，只得予以承认并招安。那么，招安特使谁来当呢？朝堂上一时静默，群臣们纷纷低头。

"我来！"韩愈挺身而出。一个年过半百的老人，看到家国有难时，不顾友人元稹的劝阻，只说了一句"安有受君命而滞留自顾"，便头也不回地出使镇州。最后，当听到韩愈平静地向自己述说朝廷的招安意向时，王廷凑突然决定息事宁人。

一介文士，孤身闯营。看到这里，我们终于知道，韩愈笔下如海潮般的气势从何而来。定是从骨子里的硬气，还有舍我其谁的胆量中喷薄而出。

长庆四年，韩愈病逝，年五十六，获赠礼部尚书，谥号"文"，故称"韩文公"。两百年后，苏轼把韩愈当成了自己的偶像。苏轼客居潮州期间，特地去拜访了韩公祠。他伫立在韩愈的雕像前，凝视良久，喟然叹曰："文起八代之衰，而道济天下之溺；忠犯人主之怒，而勇夺三军之帅。"

回顾韩愈的一生，既以文言志，也以文为戏。可不管忠直之言也好，戏谑游戏之作也罢，韩愈以至情至性的一生，终成为名垂千古的百代文宗。

柳宗元：春风得意后的孤独

> 顺宗即位，王叔文、韦执谊用事，尤奇待宗元。与监察吕温密引禁中，与之图事。转尚书礼部员外郎。叔文欲大用之，会居位不久，叔文败，与同辈七人俱贬。宗元为邵州刺史，在道，再贬为永州司马。既罹窜逐，涉履蛮瘴，崎岖堙厄，蕴骚人之郁悼，写情叙事，动必以文。为骚文十数篇，览之者为之凄恻。
>
> ——《旧唐书·柳宗元传》

唐代文坛上，有这么一个人：他出身于世代簪缨的名门望族，却被家族所累奔波半生；他年少成名天生才华令人羡慕，却在名利双收后惨遭贬谪；他于千万孤独之中，得悟人生真谛，最后超脱凡俗、青史留名。他就是唐宋八大家之一的柳宗元。

01
世代簪缨少成名,文章璀璨震文坛

773年,住在长安西郊的柳镇,终于迎来了他的第一个孩子。虽说此时的柳镇只是个小官员,但他所属的家族"河东柳氏",却是当时最著名的"河东三著姓"之一。

柳氏一门曾出过很多了不起的大人物,其中有爵位至高的公侯,也有官居宰相的皇亲。虽然后来因为改朝换代,柳氏一族的辉煌受到了很大的削减,但柳氏毕竟是拥有几百年历史底蕴的大家族。因此,即使柳镇的官职不高,可他依旧娶到了范阳卢氏女为妻。这个范阳卢氏,以儒学、礼学、书法闻名于世,也是个兴盛了几百年的名门望族。都说"龙生龙,凤生凤",两个簪缨世族结合而生的孩子,应该也不会太差。所以柳镇对这个孩子寄予了厚望,给他取名为"宗元",希望他以后能成为带领宗族重回辉煌的人物。

而柳宗元也没辜负父亲的期望,他四岁的时候就在母亲的教导下开始学习,到了七八岁的时候就经常跟着父亲出差,增长了不少见识。《旧唐书》说他"少聪警绝众,尤精两汉、诗、骚。下笔构思,与古为侔。精裁密致,璨若珠贝"。

他小小年纪就表现出了超群出众的聪明和机警,不仅精通汉朝文章,还对《诗经》《离骚》这样的古籍有着不凡的领悟。他的构思可以与古人相匹敌;他的遣词造句仿佛被精心裁过一样,十分缜密细致；他的文章璀璨得如同珍珠和贝壳，令人赞叹和仰慕。

甚至在785年的时候，一个崔姓高官还曾委托他写了一篇文章，用来庆贺大将军李怀光造反被镇压。而这篇文章写得实在是太精妙了，柳宗元因此一炮而红，震惊了当时的文坛。

02
仕途顺利步青云，人生赢家不负名

但是，面对突然的爆红，柳宗元并没有骄傲自满。因为他知道，大唐从来不缺天赋异禀的神童，如果不用勤奋的学习去巩固天赋，那他的天赋终有一天也会消失殆尽。所以，在十二岁小火一把之后，柳宗元就继续埋头苦读。

皇天不负有心人，在793年，二十岁的柳宗元第一次参加进士科考试就一举及第。而这次科考的成功，仿佛打通了柳宗元的任督二脉。

在那之后，他又通过了博学宏词科考试，并以优秀的成绩高中，年仅二十五岁就成为授集贤殿书院正字。虽然这只是个九品的小官职，但在那个"三十老明经，五十少进士"的年代里，他这个靠科举得来的职位，含金量却是实打实的高。并且，在不到三年的时间里，他又从九品的小官，升职成正六品蓝田尉，走上了连跳三级的快车道。

就这样,优越的家庭光环,加上自身天赋带来的实力和自信,让柳宗元成了当时文坛和政坛上都炙手可热的"明日之星"。

而在职务连跳三级的同时,他还娶了青梅竹马的杨氏为妻。这个杨氏同样出身高门弘农杨氏,知书达礼,十分的孝敬和贤惠。甚至于柳宗元的母亲,都曾在公开场合对其多次赞扬过。家里婆媳和睦,家外也好事连连。

在柳宗元参加科考的时候,还结识了"诗豪"刘禹锡,两人在短暂的接触之后就互相引为知己。总之,这时候的柳宗元,不仅事业有成、家庭美满,还找到了一生的知己。这样的他,简直就是"人生赢家"。

03
永贞革新利国民,壮志未成意难平

柳宗元连升三级后不久,他就被调回了帝都长安,任监察御史里行,相当于现在的监察组委员,成了名副其实的京官。带着官职回到长安后,柳宗元不仅得以和知己好友刘禹锡重聚,还结识了许多志同道合的朋友,并且见识到了大唐社会中腐败和黑暗的一面。

而此时的大唐，刚经历过"建中之乱"，还没从藩镇割据的战火中缓过来。于是，柳宗元就和好友们一起，决定变革新政，恢复大唐的繁荣盛世。就这样，柳宗元加入了"革新集团"，和早就想改革弊政的太子侍读王叔文、王伾等人一起准备改革事宜。

805年，柳宗元三十三岁的时候，他们的机会来了。王叔文辅佐的皇太子李诵继位，成了大唐的最高领导者，也就是唐顺宗。而"革新集团"的成员们也跟着水涨船高，"二王刘柳"等人以唐顺宗亲信的身份得以重用。

他们抓住机会，迅速开始了变革，施行了抑制藩镇势力、加强中央的权力、贬斥贪官污吏、整顿税收等一系列具有进步意义的措施。此时的柳宗元，前途一片光明，如果改革成功，他将成为划时代的人物，而他的人生也还有着无数种辉煌的可能。

但俗话说："人无千日好，花无百日红。"他们采取的措施的确有利于国家和百姓，可也危及到了很多当权者的利益。于是，他们的革新只坚持了几个月，就引起凶猛的反扑。偏偏在这个时候，改革的最大支持者唐顺宗又因为身体原因，不得不把帝位禅让给太子李纯。所以，失去支持者的改革派，很快就被朝中权贵全力打压。

领导人王叔文被赐死，王伾被贬后病逝，刘禹锡和柳宗元等八人，也接连被贬到偏远地方当了无权无位的司马。而这场轰轰烈烈的改革运动，也无奈以失败告终。"人生赢家"柳宗元的好运一直持续到了三十三岁的时候，就被迫终止了。

永贞革新失败后，他先是被贬为邵州刺史。但还没等他到邵州上任，就在赴任途中，被加贬为永州司马。而到了永州没多久，他又接连经历母亲去世、幼女夭折的多重打击。

04
繁华落尽绝庸俗，洗尽铅华享孤独

有人说，三十三岁是柳宗元的人生分水岭：在三十三岁之前，他春风得意，家庭美满，仕途顺畅，知己在旁；而三十三岁后，他革新失败，被谪贬永州，母亲去世，幼女夭折。于是，在被贬永州的一个冬日里，他写出了那首堪称"史上最孤独"的诗作——《江雪》：

千山鸟飞绝，万径人踪灭。
孤舟蓑笠翁，独钓寒江雪。

在连鸟儿都不光顾的山下，在没有一丝人烟的江边，他披着破旧的蓑衣，拿着一根竹竿，独自乘一艘小船在寒江中垂钓。

当年九十岁的姜太公钓鱼，钓来了周文王的青睐和重用。而如今，望着漫天的风雪，他知道，自己此生都不会再有重回巅峰的机会了。

但是,经过这一系列变故之后,他并没有倒下,不久后又重新振奋起来,打理政务、为民解忧。只不过,他说"贵尔六尺躯,勿为名所驱"。他这次不为名利所驱,只为内心的坚持。终于,在他的治理下,永州从荒凉之地,慢慢变成了人民安居乐业的桃源乡,而他,也因为这一方山水得到治愈。

欧阳修：千古伯乐

> 为文天才自然，丰约中度。其言简而明，信而通，引物连类，折之于至理，以服人心。超然独骛，众莫能及，故天下翕然师尊之。奖引后进，如恐不及，赏识之下，率为闻人。曾巩、王安石、苏洵、洵子轼、辙，布衣屏处，未为人知，修即游其声誉，谓必显于世。笃于朋友，生则振掖之，死则调护其家。
>
> ——《宋史·欧阳修传》

他被称为千古伯乐，一手成就了唐宋八大家中的五位大家；他是北宋一代名臣，一生锐意改革，忠心报国；他幼年丧父，中年丧妻，晚年丧女，身世凄苦，却一直热爱生活；他仕途坎坷，曾一度寄情山水，自号醉翁，却始终清醒，历经磨难而不改初心。

他就是唐宋八大家中的宋代六大家之首，文坛宗师——欧阳修。

01
艰难开局

自古名士多坎坷,而欧阳修的人生开局格外艰难。他出生的时候,父亲欧阳观已经五十六岁了。因为先天不足,欧阳修天生瘦弱,相貌丑陋。父亲给他取名为修,字永叔,希望他能一生健健康康。不久,欧阳观去世,几乎没有留下积蓄,母子二人的生活陷入困顿。

当时,女子再嫁是寻常事。然而欧阳修的母亲郑氏却立志守节,带着儿子投奔他的叔叔欧阳晔。欧阳晔为人正直廉洁,给了幼年欧阳修很好的正面引导。可惜叔叔生活也不富裕,只能保证母子俩最基本的衣食需要,无力送欧阳修上学读书。

好在郑氏出身大户人家,知书达礼,就用荻秆在沙地上教儿子读书写字。她还常常给儿子讲述父亲轻财重义、孝敬长辈、勤勉政事的故事,以此教导欧阳修为人处世的道理。欧阳修没有辜负母亲的教导,年纪轻轻就学有所成,写出的文章十分老练。欧母也因为画荻教子的贤德事迹,与孟子的母亲、陶侃的母亲和岳飞的母亲一起,被尊称为"四大贤母",光耀千古。

童年生活艰辛,科举之路也十分坎坷。十七岁和二十岁时,欧阳修先后两次落榜。幸好当时任知汉阳军的胥偃赏识他,保举他到国子监考试。欧阳修大展才华,连续夺取了广文馆考试、国学解试和礼部考试的第一名。

他踌躇满志，想夺殿试的状元之位。不料结果揭晓，他是第十四名，位列二甲进士及第。后来主考官晏殊说，并不是欧阳修的文章不好，而是他锋芒太盛。考官们想挫一下他的锐气，帮助他更好地成才。

不过，二甲进士也足以光宗耀祖。恩师胥偃十分得意，将女儿嫁给他。洞房花烛后，欧阳修只身一人去洛阳上班，担任西京留守的推官。在洛阳，他遇到了人生的又一位贵人——顶头上司、西京留守钱惟演。

钱惟演很看重手下这帮青年才俊，很少用烦琐的行政事务约束他们，反而支持他们游山玩水，切磋诗文。这段时间的文学积累，为欧阳修未来推行古文、改革文风奠定了基础。

可惜好景不长，好领导钱惟演政治失意被调走，欧阳修妻子早产染病身亡，自己也接到调令，需要去京城上班。他悲痛欲绝，含泪写下离歌《玉楼春》：

尊前拟把归期说，欲语春容先惨咽。
人生自是有情痴，此恨不关风与月。
离歌且莫翻新阕，一曲能教肠寸结。
直须看尽洛城花，始共春风容易别。

既是在悼念妻子，也是在告别洛阳的这段逍遥时光。从此，他正式踏上了险恶的仕途。

02
坎坷仕途

欧阳修不但文采出众，而且直言敢谏，深得宋仁宗的看重。《宋史》记载，宋仁宗曾当面赏赐欧阳修五品官服，并向其他臣子大力赞扬欧阳修。还特别下令让他不用经过考试，直接担任"知制诰"的职务，成就了一段君臣相得的佳话。

可欧阳修不仅是个查漏补缺的直臣，还有自己的政治抱负。他清楚当时朝政积弊在于机构臃肿，就支持他的忘年交范仲淹进行政治改革，裁撤冗官。这触动了以宰相吕夷简为首的守旧派的利益。经过一番博弈，范仲淹、欧阳修先后被贬出京。直到吕夷简因年老多病辞职后，范仲淹等人才大展拳脚，推行"庆历新政"。

守旧派不甘失败，攻击他们是朋党，也就是谋取私利的小团体。这引起了皇帝宋仁宗的高度警惕。为反击政敌，欧阳修写出了千古著名的《朋党论》，提出："君子因为志同道合结为朋党，小人因为利益结为朋党。所以我认为，小人没有朋党，而君子有朋党。君子遵守道义，行事秉持忠诚和信义，爱惜名节，以此治理国家，可以同舟共济。用君子的真朋党，才能治理好天下。"

从理论的高度，给政敌以漂亮的回击。可小人的伎俩永远超出君子的想象，正面斗争失败，政敌居然用"与外甥女乱伦"

的罪名败坏欧阳修的名声。欧阳修百口莫辩,被贬到滁州担任太守。这是欧阳修的大不幸,却是文坛的大幸。

在滁州,他执行宽仁和从简的政治方略,很快见到成效。当地社会秩序安定,人们安居乐业。欧阳修的心情渐渐平复,写下了流传千古的《醉翁亭记》。文章构思精巧,意境优美,被当时的人们争相传抄。

然而细细品味,才发现欧阳修的心境,远不是文中太守那般怡然自得。他那时是四十岁左右,在寿命偏短的古代,这是可以称"翁"的年龄。但是"翁"前加个"醉"字,又多次提到"饮少辄醉""颓然"……喝一点点酒就醉了,可见豁达背后,其实内心苦闷。

他写下那句千古名句:"醉翁之意不在酒,在乎山水之间也。"其实真正在乎的也不是山水美景,而是在山水之间与民同乐。让所有的百姓都过上安定富足的生活,这才是他的政治理想。只是在那个时代,要实现这个理想,太难了。

03

千古伯乐

在当时,官方使用的是骈体文,讲究对仗工整,辞藻华丽,却难免因为迁就形式,影响意思的表达。欧阳修不喜欢这种文体，他欣赏的是唐朝文学家韩愈提倡的古文。

据《欧阳修年谱》记载，欧阳修少年时家中贫穷，只能借别人的书抄写朗诵。一天他借到了韩愈的六卷文集，发现这些文章文字洗练，言之有物，立刻爱不释手。可是为了应付考试，他只能放下爱好，先学习骈文。

直到嘉祐二年，欧阳修担任了礼部贡举的主考官，才开始大举倡导平实的文风。就在这一届，他录取了张载、程颢、吕大钧等旷世大儒，间接推动了程朱理学的兴起。更录取了苏轼、苏辙和曾巩，并一路提携。多年以后，这三个弟子成就斐然，与欧阳修一起并列为唐宋八大家。

史书曾记载了这样一件趣事：欧阳修在阅卷的时候看到一篇文章，文字精练，论证充分，质量非常高。但是由于所有试卷上的姓名都被糊上了，他不知道作者是谁。从文风判断，他猜这是弟子曾巩写的。为怕别人说他徇私，他将此文定为第二名。不料揭开名字，才发现是苏轼。

欧阳修对苏轼评价极高。他在《与梅圣俞四十六通》中写道："读苏轼的文章，不知不觉汗都出来了，太痛快了。我应该避开道路，让他去出人头地。"而苏轼也没有辜负他的期望，成为继欧阳修之后的又一位文坛大家。由韩愈发起的新型古文，终于在欧阳修和苏轼手上发扬光大，影响深远。

除了弟子，欧阳修还提携了很多人。唐宋八大家的另外两位苏洵和王安石，都是以平民身份被欧阳修看重，得到扶持。

包拯、韩琦、文彦博、司马光等一代名臣，也受过他的推荐和激励。

《宋史·欧阳修传》评价他："奖引后进，如恐不及，赏识之下，率为闻人。"欧阳修积极提拔优秀人才，唯恐做得不够多，不够好。得到他赏识的人，大多都声名远播。称他为千古伯乐，实至名归。

欧阳修学识渊博，在古文、诗词、历史、金石学等多方面都取得了很高的成就，却因为作词艳丽，被政敌利用，给自己带来了不良影响，几次影响仕途。但他始终保持豁达，晚年更是越发潇洒。他已经做到副宰相的位置，却坚决要求提前退休。

欧阳修给自己取了个别号叫"六一居士"，表达了真实心境：收藏了一万卷书、一千份金石遗文，手边有一张琴、一局棋、一壶酒，一个老翁身处其中，悠闲自在。这才是他真正想要的生活。

身处高位而急流勇退，历经苦难而初心不改。这份豁达和清醒，让后人称赞不已。

曾巩：带着全家入仕途

　　生而警敏，读书数百言，脱口辄诵。年十二，试作《六论》，援笔而成，辞甚伟。甫冠，名闻四方。欧阳修见其文，奇之。……巩负才名，久外徙，世颇谓偃蹇不偶。一时后生辈锋出，巩视之泊如也。过阙，神宗召见，劳问甚宠，遂留判三班院。……巩性孝友，父亡，奉继母益至，抚四弟、九妹于委废单弱之中，宦学昏嫁，一出其力。为文章，上下驰骋，愈出而愈工，本原《六经》，斟酌于司马迁、韩愈，一时工作文词者，鲜能过也。

——《宋史·曾巩传》

　　2016年，在中国嘉德春拍专场中，有一件叫作《局事帖》的书法拍品，备受大众瞩目。《局事帖》通篇一共一百二十四个字，最终以两亿人民币成交，在我们看来，这绝对称得上是一字千金。然而，在九百多年前的北宋，它的价值不过是承载着一位老人对自己漂泊生活的辛酸吐槽，这位老人便是唐宋八大家之一的曾巩。

此时的曾巩已离京在外十二年之久,他双鬓花白,老态龙钟,心中早已厌倦了漂泊不定的生活。老去衣襟尘土在,只将心目羡冥鸿。孤独的曾巩遥望着京城,思绪回到了梦开始的地方。

01
屡试不中,来年再战

宋仁宗嘉祐二年,三十八岁的曾巩领着两个弟弟、两个妹夫、一个堂弟来到京师,参加由欧阳修主持的科举考试。或许连曾巩自己都已经记不得这是他第几次参加科举考试了。

虽然曾巩"十二岁能文,语已惊人,日草数千言",但当时的主考官们大多喜欢文风华丽的四六字骈文。不愿投其所好、始终坚持自己风格的曾巩,自然也就不是主考官的菜了。所以,他才华虽高,却次次落榜。

有才华的人在屡试不中后,往往会借由诗文和信件发泄自己不满的情绪,这是文人的常态。比如韩愈在落榜之后,脾气变得很急躁。有次参加博学宏词科未中,竟然一月之内连续给宰相写了三封信,以此来表达自己的不满。

相比于韩愈的"轰轰烈烈",曾巩在落榜后则表现得十分镇静。他既没有嘲讽其他考生,也没有抱怨任何考官,更没有给高官写信发牢骚,而是"思广其学而坚其守",继续默默努力,准备来年再战。就这样，原本风华正茂的曾巩，在考场蹉跎了近二十年，始终没能金榜题名。

凡是成功的人，都有一份属于自己的执着与踏实，也正是这份执着与踏实，成就了日后的曾巩。

02
文坛巅峰，一门六进士

皇天不负有心人。嘉祐二年的这次考试，改变了曾巩的一生。因为这次的主考官，正是曾巩的恩师欧阳修。

曾巩十八岁那年曾随父入京，进入太学后，他写了一篇《时务策》。欧阳修见此文而奇之，便将曾巩收入门下，并时常向同僚夸耀道："过吾门百千人，独于得此生为喜。"欧阳修的赏识，使曾巩身价倍增，有了与朝堂大臣交流的机会。

此时的曾巩常与范仲淹等人书信来往，品评文章，议论时政，一时间声名鹊起。名声是有了，但他依旧次次落榜，就连欧阳修也对此感到十分惋惜。

但这次科举考试却与往年有了很大不同。此时的朝廷在欧阳修等人的提议下，正进行诗文革新，讲究返璞归真，崇尚独立风格，正适合曾巩这种有真才实学的人。

果然，曾巩这次没再白跑一趟。科举考试大榜公布的那天，整个汴京热闹非凡。这次科举考试除曾巩榜上有名外，苏轼、苏辙、张载、程颢、吕惠卿、章惇、曾布、蔡卞等历史名人也都赫然在列，难怪后来有人称这一年的科举考试是"千年之最"。

若说起这次科举考试的最大亮点，当属曾巩这一家子人了，因为进京的这六人全都榜上有名。曾家的"一门六进士"让这场"千年之最"的科举考试变得更加传奇。

其实，曾巩此次之所以能登科，除有些幸运成分外，也离不开自身的努力与坚持。父亲离世，家境衰败，考场失利，这种种突如其来的状况，将他从"笔墨纸砚"的书海中拉了出来，取而代之的是锅碗瓢盆、油盐酱醋的家庭责任。

正如曾巩在《学舍记》中所写："衣食药物，庐舍器用，箕筥碎细之间，此予之所经营以养也。"曾巩在侍奉继母的同时，还要抚育四个弟弟、九个妹妹。家中的衣食药物、房屋用具以及簸箕笋筐之类琐碎的小事，都需要他来操心。这样一来，为生活所累的曾巩就没有足够的时间去读书备考了。

然而，曾巩并没有放弃自己的梦想，相反，他还要帮助自己的弟弟们一起准备科举考试。对于一个多次落榜的"废柴"，居然还妄想帮助其他人准备考试？曾巩的举动，遭到了很多同乡的嘲讽。

有一次，曾巩正在教弟弟们读书，有个人从窗户丢进来一个纸团。曾巩打开一看，原来是一首讽刺他们兄弟的诗：

三年一度举场开，落煞曾家两秀才。
有似檐间双燕子，一双飞去一双来。

但让那些人没想到的是，这首讽刺诗不仅没有打击到曾巩，反而成了他发奋读书的动力。他和两个弟弟在半山腰盖了间小屋，每日在屋中发奋攻读，渴了就以山泉解渴，饿了就以粗粮充饥。他还在小屋里挂起那首讽刺诗，并把"落煞曾家两秀才"一句改成"喜煞曾家两秀才"。一字之改，改出了一位不为命运折服的千古文章大家。后来，曾巩兄弟高中进士，成为坊间美谈。

为赞扬曾氏兄弟的苦读精神，人们在他们曾住过的山岩上盖了一间亭子，并刻有一副对联：半壁石岩千秋胜迹，八家遗墨万古勋名。成长的道路难免有许多挫折，这些挫折虽能使弱者跌倒，但也能激励强者勇往直前。

03
踏实肯干，默默工作

圆梦科举考试的曾巩，终于开始了自己的仕途生涯。

进入官场后，曾巩除在京城当过几年集贤校理外，大部分时间都在基层任职。他在所到之处打击豪强、兴修水利、减赋救灾，为老百姓做了很多实事，是那个时代不可多得的能臣干吏。

当时的齐州被评价为"野有群行之盗,里多武断之家",是个有名的难治之乡,豪强恶霸遍地皆是。曾巩想要在这个地方当好知州,绝对有很大难度。

但曾巩还是当年那个曾巩,"不抱怨,踏实干"就是他的人生信条。当时齐州有一周姓富户,其子为富不仁、横行乡里,引起了极大的民愤。但周家"力能动权贵",与地方官沆瀣一气,百姓是敢怒不敢言,历任知州也是睁一只眼闭一只眼。曾巩初来乍到,便以此为突破口,积极搜集证据,迅速将周家之子法办,很快便受到当地百姓的爱戴。

曾巩的为官之道,是以儒家忠君爱民理念为出发点的,既纯粹,又执着。在工作中,曾巩少议论、多实干,一生辗转七八个州,及时处理了很多涉及百姓切身利益的问题。每当他任满离开时,都有百姓紧闭城门,极力挽留,哭着喊着不愿他离开。

然而,曾巩从来都不是一个追名逐利、弄虚作假的政客,他从不张扬和炫耀自己的政绩。每次上书皇帝,他只说些尽孝养亲之类的寻常家事,其他则只字不提。而这,也让他吃了不少哑巴亏。

由于不擅长自我宣传,又在基层推行了王安石的新法,因而就有人说曾巩"为人行义不如政事,政事不如文章",把他评价为一个品格低下、碌碌无为的庸官。于是,曾巩一直在基层漂泊,不得重用,直到去世前三年才得以回京。

人家在朝堂上长篇大论、指点江山,而你曾巩只知道在基层默默工作，你说你的知名度能有人家高吗？很显然，曾巩在唐宋八大家中是知名度最低、存在感最低的人，甚至还有人说他是"凑数"的。

其实，这才是我们后人的"一厢情愿"，我们不能因为在语文课堂上没背诵过曾巩的作品，就以此贬低人家啊。曾巩在当时还是很有名的，称之为"名动天下"也不为过。

作为曾巩老师的欧阳修自不必多说，那是十分欣赏这个弟子的；变法大家、神宗首辅王安石曾评价曾巩："曾子文章众无有，水之江汉星之斗。"就连才华横溢的苏东坡也说曾巩："曾子独超轶，孤芳陋群妍。"可见，曾巩在当时已是一代文学巨擘，还有人将他与"文起八代之衰"的韩愈相提并论："自韩愈氏以来，作者莫能过也。"

朱熹曾说："予读曾氏书，未尝不掩卷废书而叹，何世之知公浅也！"曾巩是那片群星闪耀的星空中，最不耀眼的一颗星。他不过是个纯粹的文人，识字读书写文章，一切发乎自然；他不过是个基层父母官，只知默默干实事，不求闻达天下；他就是这样一个纯粹的人、普通的人，一直在做着他自己认为"应该做的事"。

了却生前事，何计身后名。无论为学为官，曾巩都对得起"良心"二字，人生得此"二字"，足矣！

王安石：一场失败的变法

> 安石性强忮，遇事无可否，自信所见，执意不回。至议变法，而在廷交执不可，安石傅经义，出己意，辩论辄数百言，众不能诎。甚者谓"天变不足畏，祖宗不足法，人言不足恤"。罢黜中外老成人几尽，多用门下儇慧少年。久之，以旱引去，洎复相，岁余罢，终神宗世不复召，凡八年。
>
> ——《宋史·王安石传》

北宋最牛的动物，大概就是从宰相衣领上爬出来的虱子了。这只虱子"屡游相须，曾经御览"，在宰相的胡子上跳舞，在皇帝的奏折前游览，当真是风光至极。

虱子之所以能如此风光，是因为它借了宰相的光。这位宰相平日里不爱干净，《宋史》说他"不好华腴，自奉至俭，或衣垢不浣，面垢不洗"。若问此人是谁，荆公王安石是也。

王安石在扬州做太守幕府的时候，经常思虑政事到深夜，有时在椅子上打个盹儿就直接去上班了。连睡觉的时间都少得可怜，难怪他每天都带着一副黑眼圈去上班。

有一次，领导看他那一副黑眼圈，还以为他彻夜纵情声色，于是劝他要注意身体，留心正业。王安石也不辩解，仍旧每天忙到深夜，然后第二天继续顶着黑眼圈去上班……这便是王安石，一个执拗而又认真的人。

01
拯救帝国的备选人

1067年，北宋的第六位皇帝赵顼即位，即"宋神宗"。宋神宗弱冠之年继位，正处于意气风发、指点江山的人生好时期。只可惜他运道不太好，在最好的年纪遇到了最坏的问题——百年之积，唯存空簿。直白地说，就是国库没钱了。

大家印象当中北宋的经济不是相当繁荣吗？其实，北宋经济确实繁荣，但经济增长的速度，却永远赶不上开销增长的速度。冗兵、冗官、冗费的"三冗"难题，已快要将帝国拖进深渊。

面对如此困境，神宗让众大臣提出解决问题的方法，结果众人提的都是些灵魂鸡汤、老生常谈。看着眼前这群家伙，宋神宗是憋了一肚子火，正当他想要抓个倒霉蛋宣泄一番时，一个人的名字突然在脑中闪过——王安石！

在宋仁宗时期，王安石曾在一次进京述职的时候，将国家积弱积贫的现实与自己多年的地方官经历结合起来，写成一篇长达万言的奏折进献给皇帝。只可惜那时的仁宗早已失去了改革的热情，王安石的上书也自然石沉大海。

现在火烧眉毛的宋神宗突然想起了这件事，就像是抓住了救命稻草一般，火速召王安石入京面圣。入京为官是很多人梦寐以求的好事，可王安石却一点儿也不稀罕。

王安石是个特别执拗的人，他认定的事，即便皇帝老子也无法改变。所以在当年，宰相文彦博和欧阳修前后多次举荐他入京为官，都被他无情拒绝了。那时的他只想在基层做官，先积累实干经验，再图谋以后发展。现在，皇帝逼迫他回京做官，他依旧一副不情不愿的样子，回京后仍然我行我素，谁的账也不买。

02
执拗自负埋祸根

王安石是出了名的执拗自负，有时甚至执拗得有些不近人情，这在他年轻时已经露出端倪。

王安石二十多岁就考中了进士二甲第一，此时他的老乡、身为当朝宰辅的晏殊专门请他吃饭。晏殊见王安石年纪轻轻便青云直上，怕他心生傲气，于是便语重心长地对他说道："能容于物，物亦容矣。"晏殊一向是个活得通透的人，他之所以劝诫王安石，就是因为他看出了王安石的性格缺陷——自负而又执拗。

果不其然，面对晏殊的金玉良言，王安石非但不买账，还回家写文章把晏殊讥讽了一番。他在文章中说，晏公身为朝廷大臣，不想着正道直行，却教人阿谀逢迎，简直是有辱斯文！不仅晏殊被他数落了一顿，但凡曾经劝诫过他的人，无一不被他"品头论足"一番，就连老上司韩琦也难逃"毒手"。

对于多年支持自己的老领导韩琦，王安石毫不留情地说道："韩琦这个人别无长处，也就长得马马虎虎吧。"好家伙，原来一代名臣在他眼里，竟是个"靠脸吃饭"的庸才，当真是狂到了极致。

王安石的执拗与自负，使得他身边的朋友越来越少，不过他似乎很享受这样的生活。在他眼里，任何娱乐和应酬都是浪费时间，他才不会把时间浪费在这上面，他的人生口号只有一个字：干！

在《邵氏闻见录》里记载了这样一个故事：有一次，担任开封群牧使的包拯忽然兴致大发，邀请属下们一起饮酒赏花。在宴席间，包拯亲自向王安石、司马光等下属敬酒。按理说，领导给下属敬酒，那是瞧得起你，你就算再不愿意喝，也得硬着头皮喝下去，以示尊敬。可王安石偏不，根本就不把眼前这个"包黑炭"放在眼里，他淡淡地撂下了一句"我从不喝酒"，然后转身离开了。

03
筹备变法事宜

谁不曾年少轻狂过,谁不曾意气风发过,当一个人不再年轻时,这种狂傲之气自然便会被人生的沧桑所磨尽。但这只是针对普通人而言,王安石,他就不是一个普通人。人到中年,历经官场,可他依旧如当年那般自负执拗,即便是面对皇帝,也丝毫不收敛。

王安石刚一回京,宋神宗就迫不及待地召他入宫详谈。见到王安石后,宋神宗很是激动,一上来就问道:"朕想要实现天下大治,爱卿认为第一步该怎么办呢?"王安石说:"选择道路。"

宋神宗问:"学习我的偶像唐太宗如何?"王安石淡淡答道:"要学就学尧舜,学什么唐太宗!"宋神宗听后,又吃惊又感慨地说:"唐太宗一定得有魏徵,刘备一定得有诸葛亮,才能有所作为吧。"

王安石冷笑道:"这两个人,也没什么了不起。"宋神宗又吃了一惊,心想:"诸葛亮和魏徵都不放在眼里,这个王安石,究竟有多大本事,竟敢如此狂妄?"

最后宋神宗问王安石:我大宋百年太平无事,是什么原因?王安石认为,这是一个宏大的命题作文,表示自己需要写一份调研报告说明。这份报告便是被后世称作"北宋第一札"的《本朝百年无事札子》。

虽然题目是"百年无事",但王安石却透过"百年无事"的表象,毫不讳言地指出因循守旧、故步自封的危害性。王安石在札子中说道:"神宗皇帝您还不明白吗?我朝之所以百年无事,这都多亏了我们的敌人不强大,又没有赶上重大天灾,这都是老天爷的功劳而已。"

上完了"大棒",最后王安石也给宋神宗加了个"萝卜":"知天助之不可常恃,知人事之不可怠终,则大有为之时,正在今日。"宋神宗一听,立刻拍板叫好,随即任命王安石为参知政事,负责准备变法的诸多事宜。

04
祸根显现

爆竹声中一岁除,春风送暖入屠苏。
千门万户曈曈日,总把新桃换旧符。

这是王安石在变法伊始时写下的一首诗。一句"总把新桃换旧符",以新年喻新法,充满了除旧布新的喜悦与期望。不得不说,王安石的变法还是效果显著的,在他的努力推行下,北宋积贫积弱的状况得以改观。

可凡事都有两面性，变法虽然增加了国家财政税收，却忽略了百姓的财富，于是整个宋朝出现了国富民贫的情况。因此，朝堂上很多朝臣都站在了王安石的对立面，天下百姓对变法更是产生了极大的抵触情绪。

然而就是在这种"举世反对"的情况下，王安石依旧选择相信自己。他喊出了"天变不足畏，祖宗不足法，人言不足恤"的口号，执拗地要把变法推行到底。但就在此时，宋神宗却对王安石产生了不满情绪。而这种不满，正是由王安石的执拗性格造成的。

有一年元宵节，王安石陪宋神宗回宫。在骑马进宣德门时，守门的几个侍卫将王安石拦了下来。这宣德门是只有皇帝才能行走的，就算你王安石再位高权重，也不能罔顾礼法啊。可王安石才不管这个，他偏要跟着皇帝进宣德门。

宋神宗一时无奈，只好默许他跟着进门，可没想到王安石居然得寸进尺。他进门之后，还强烈要求皇帝惩办那几个侍卫。最后皇帝虽然听了他的话，杖打了那几个侍卫，但心中已经对他的专权狂妄十分不满了。君臣之间的裂痕，已悄然出现，而王安石对此毫无所知。终于，随着一场旱灾的降临，王安石彻底失去了宋神宗的信任。

1074年，新法施行的第四个年头，一场旱灾悄然袭来。当时全国大部分地区已长达十个月滴雨未落，愁得宋神宗茶饭不思。朝中诸多重臣都上奏，说这天灾是因为变法不得民心所致，纷纷上书请求罢黜新法。就在此时，一幅叫作《流民图》的画作送呈御览，成为压倒王安石的最后一根稻草。

宋神宗被画中的可怖景象惊呆了：只见画卷上是成群结队的灾民，他们个个面如菜色，身无完衣，挤满了京师的街道。有的甚至双脚拴着铁链在砍树挣钱，以偿还政府的青苗贷款……与画作一同呈上的还有一封奏疏，说严重的旱灾使百姓民不聊生，还有的人卖儿卖女，在这样的情况下，政府竟然还在追缴赋税，太没人性了！

阅罢图文，神宗潸然泪下，立即下令停止推行新法。巧合的是，诏令一出，京都地区立即天降甘霖，万众欢腾。而此时，王安石的心情却跌落到了谷底。

新法失败了，理想破灭了，随之而来的便是贬官。王安石从京城回到江宁，途经瓜洲，写下了"春风又绿江南岸，明月何时照我还"的醉人诗句。遗憾，失落，不甘，愤怒，执拗……这种种滋味萦绕心头，使王安石瞬间衰老了许多。虽然一年之后他再次回京拜相，但他自知已经得不到宋神宗的支持与信任了。王安石的理想人生，便于此时画上了句号。

梁启超曾将王安石比作中国的克伦威尔，称其为"三代以下唯一完人"。他将大宋江山扛在了自己的肩上，尽管风雨飘摇，依旧选择一路同行。自古以来，一般人都不碰变法，碰的都不是一般人。可是有些事情，总要有人来做，有些东西，总要有人来碰。无论结果如何，只要尽力而为，便不算虚度人生。

苏轼：独一无二的苏东坡

> 比冠，博通经史，属文日数千言，好贾谊、陆贽书。既而读《庄子》，叹曰："吾昔有见，口未能言，今见是书，得吾心矣。"嘉祐二年，试礼部。方时文磔裂诡异之弊胜，主司欧阳修思有以救之，得轼《刑赏忠厚论》，惊喜，欲擢冠多士，犹疑其客曾巩所为，但置第二；复以《春秋》对义居第一，殿试中乙科。后以书见修，修语梅圣俞曰："吾当避此人出一头地。"闻者始哗不厌，久乃信服。
>
> ——《宋史·苏轼传》

苏轼，中国文学史上大名鼎鼎的人物。一生风雨，过眼云烟，我行我素，泰然处之。他把别人眼中的苟且，活成了自己的潇洒人生。

林语堂曾说，苏轼已死，他的名字只是一个记忆，但是他留给我们的，是他那心灵的喜悦、思想的快乐，这才是万古不朽的。

01
文采超然

北宋中期，有一个老人特别爱听故事。每天清晨，他都怀着无比期待的心情，因为客人们总会分享一些新鲜的市井传闻。如果对方很健谈，很能分享，他便静静倾听，乐在其中。如果对方不善言辞，羞涩木讷，他便让对方讲道听途说的鬼故事，或者干脆鼓励对方："姑妄言之，姑妄听之！"这种心态，像极了清代写《聊斋志异》的蒲松龄。

在以往的认知里，"游戏人生"是一种轻佻可鄙的处事态度。将大把的时间挥霍在无意义的事物上，无论对于兴邦立业，还是谋取功名，似乎都毫无帮助。但是，如果把人生看成一场游戏，以终极玩家的心态进退自如，在任何涉足的领域都镌刻下足迹，并且乐在其中，这何尝不是一种理想的人生境界呢？

很多天才的文学家，在青年时期就已展露出独特的禀赋。同李白和白居易等人一样，二十多岁的苏轼已经是名满京城的新生代领军者。1057年，苏轼进士及第，那一年，他刚好二十岁。他的每篇文章问世，都会在宋朝顶级的朋友圈引发高度关注和转载。

无论是老一辈文坛领袖欧阳修，还是和欧阳修针锋相对的梅尧臣，都对这个眉州来的年轻人赞不绝口。欧阳修甚至给予了这样的评价："此人可谓善读书，善用书，他日文章必独步天下。"

　　这个评价有没有过誉之嫌？当然没有，甚至还趋于保守。因为苏轼不仅是文章独步天下，他的诗词、他的书画，都足以和同时代顶级人物相提并论。

　　文章自不必说，唐宋八大家，苏家父子占了三个，这点和建安七子里的三曹异曲同工。谈到诗歌，他能够和王安石、黄庭坚、陈师道比肩，他们合力推动了宋诗的发展。论起词作，他更是豪放派宗师，放到历史长河里也是顶流名家。至于书法和绘画，纵然没有他的文学才能那么耀眼，但也不失为宋朝的门面。

　　套用现代的说法，苏轼就是一个"综合能力"非常出众的人，能力体系既突出又全面。更加可怕的是，他当官也是一把好手。

02
为官有方

　　文人从政，历朝历代的评价都是贬多于褒。无论是李白的"但用东山谢安石，为君谈笑静胡沙"，还是纪晓岚等人对朝政时弊的讽刺，都充满了文人的理想主义色彩。至于政坛的云谲波诡，沙场的险象环生，文人们是压根儿体会不到的。所以，人们总倾向于认为文人空谈误国，读书人搞不好政治。

但苏轼决然不同,无论在哪里任职,他在当地都留下了有口皆碑的美誉。苏轼担任徐州知州期间,黄河水势泛涨,狂涌而出的洪水甚至把徐州城墙冲击得摇摇欲坠。眼见如此情景,城里面的有钱人都想出城避祸,苏轼立即站出来说:"如果富民们竞相出城,那么整个徐州都会动摇,我该和谁一起奋战到底呢?"

于是,他一面制止百姓出城,稳定民心,一面亲自去说服武卫营的禁军,让他们出手相助。而且,苏轼完全没有地方行政长官的架子,撩起裤腿就往前线冲锋。这一来,士兵和百姓都颇为震动,纷纷跟随苏轼的脚步,协力抗灾。

再到后面,苏轼奏请加固徐州城墙和堤防,朝廷也都答应了。一个平日里被众星捧月,下笔顷刻便能技惊四座的大文豪,居然能够随时为了百姓放下身段,这也令很多人刮目相看。

遍观苏轼的词作,尽管气象万千,笔力深厚,但情感上都把自己和时代与土壤紧密相连。没有无病呻吟,没有空谈误国,无论辞藻还是寓意,历经千年的冲刷依然熠熠生辉。因此,"词圣"二字,苏轼当之无愧。

03
情深义重

除"词圣"之外,他还担得起另外一个称号,那就是

"情圣"。

按照大家惯常的印象,情圣都是像慕容复一样风度翩翩,像徐志摩一样细腻敏锐的人,既有颜值,又有情商。就颜值来说,苏轼确实不是标准的美男子。从画像来看,他虬髯长须,和他的豪放词风很契合。而且,坊间还有苏小妹笑话他长脸的段子。

相传,苏轼和苏小妹互损,苏轼笑话妹妹额头高,就写道:"未出门前三五步,额头已至画堂前。"对此,苏小妹也不甘示弱,立即回敬:"去年一滴相思泪,至今还未流到腮。"尽管苏小妹这个人物是虚构的,但从这些梗和笑点来看,苏轼确实也拥有类似的外形特征。

可情圣的标准,从来不是看这些表象。中秋月下,苏轼想念远方的弟弟苏辙,于是百感交集,提笔写下了"明月几时有,把酒问青天。不知天上宫阙,今夕是何年"。

妻子王弗去世多年,苏轼颇为思念,辗转反侧之际,留下了"十年生死两茫茫,不思量,自难忘。千里孤坟,无处话凄凉"。

当苏轼的词句映入当下人们的眼帘时,我们都会感受到一股奔腾不息的能量。这种能量不仅催化了我们对传统文化的热爱,更激起了大家对美好情感的追求。这便是对情圣的最高诠释。

前四十年的苏轼,几乎囊括了我们可以想到的一切赞美之词,仿佛他的人生也会一直这么美好下去。这时候,"乌台诗案"出现了。

04
东坡何罪

1079年,御史何正臣等上表弹劾苏轼,说苏轼心怀不轨,用各种暗语来讥讽当今朝政。随后,他们又引述了大量苏轼的诗文作品出来,以作为呈堂证供。经过一番调查,皇帝宋神宗同意了对苏轼的裁决,将其湖州知州的职务免除,让他去湖北黄州当团练副使。

难道宋神宗对苏轼也有个人成见吗?当然不是。皇帝这么做,主要还是出于政治因素考虑。

大家知道,王安石曾主导变法,以他为首的改革派和以司马光、欧阳修等人为首的保守派始终格格不入。单就文学交流而言,他们可以畅所欲言,甚至成为朋友。但政治的竞技场上就没有这样浪漫,一旦政见不合,其下场必然是你死我活。

苏东坡一直就支持保守派,认为新法很多条例争议太大,不切实际,并多次上表进言。这一来,就弄得王安石和宋神宗等人很恼怒,因为这个就等于否定当今的政策和改革成果。所以,在这种政治背景下,苏轼的遭遇也是可想而知的。

但真的没有其他的原因了吗?当然有,那就是他弟弟苏辙说的那样:"东坡何罪?独以名太高。"

他的才华太耀眼、太夺目,一落笔就能颠倒众生,惊艳时代。相比之下,朝中一帮无能之辈就显得如此黯淡无光,仿佛凤凰身边的乌鸦一般。于是，他们就主导了一场舆论风暴，将苏轼彻底排除在他们的视野之外。

从光彩夺目的文坛大家，到被贬异地的朝廷罪人，苏轼会不会因此一蹶不振呢？

完全没有。

05
不如归去

"大江东去，浪淘尽，千古风流人物"出自《念奴娇·赤壁怀古》，此诗气魄宏大，国民度超高。但谁能想到，苏轼写这首词的时候，距离"乌台诗案"已经过了两年？人到中年，历经沧海浮沉，却依然能够写下如此雄浑壮美的篇章。由此可见，苏轼的胸中装着怎样的世界。

再到后来，他对于自己的人生和境遇产生了新的思考。苏轼和高僧佛印是朋友，民间也流传了很多两人互相调侃的段子。其中很多也跟苏小妹一样，属于虚构故事，但两人的交情确实非常深厚，经常一起泛舟长江，畅谈古今。

佛印是得道高僧，活得通透，自在自如。他的人生状态，也在潜移默化中影响了苏轼。早年的苏轼，豪气干云，满怀雄心，希望能够有所作为，很有儒家士大夫的理想风范。但当他人到中年，经历了一系列的挫折后，佛家的世界又让他无比向往。

从儒到释，从积极的诉求到沉稳的观照，苏轼从新的境遇里悟到了人生的真谛：一切都是体验，一切都是游戏。从那以后，他真正活成了独一无二的苏东坡。

1101年，朝廷大赦天下，苏轼也因此复官。他满怀着喜悦，踏上了北归的旅途。谁知在半路上，这个通透的老人永远地闭上了眼睛。

令他没有想到的是，他的肉身虽然已经烟消云散，可他却永远活在了学校课本、影视作品和东坡肘子里面。一个有着超高艺术成就的大文豪，同时也跟我们当下的生活如此贴近。

千百年来，学术界反复研究他，百姓们也一直喜欢他。如此雅俗共赏、老少咸宜的人物，实在难以找出第二个。

在苏轼的世界，无论是平步青云，还是宦海沉浮，都是一种独特的人生体验，无有对错，无有高下。因此，他可以在朝野之上激扬文字，也可以呼朋唤友泛舟长江，或者干脆搬个小凳子，聆听乡民口中的故事传闻。

木心说："智者，无非是善于找借口使自身平安消失的那个顽童。"但苏轼的境界似乎更高：我本来就很平安，为何消失呢？

这就像他那首《定风波》写的那样："料峭春风吹酒醒，微冷，山头斜照却相迎。回首向来萧瑟处，归去，也无风雨也无晴。"

苏洵和苏辙：父与子

年二十七始发愤为学，岁余举进士，又举茂才异等，皆不中。悉焚常所为文，闭户益读书，遂通《六经》、百家之说，下笔顷刻数千言。至和、嘉祐间，与其二子轼、辙皆至京师，翰林学士欧阳修上其所著书二十二篇，既出，士大夫争传之，一时学者竞效苏氏为文章。

——《宋史·苏洵传》

在唐宋八大家中，苏洵是唯一一个没有功名的，但却是唯一一个被写入《三字经》的人物。他和儿子苏轼、苏辙并称"三苏"，同列唐宋八大家。这种殊荣，前无古人后无来者。

01
中年逆袭的苏洵

在人们的想象中，能被列入唐宋八大家而名垂青史的人，多半会嗜书如命，说不定有着类似悬梁刺股、映雪苦读的故事。然而让人意想不到的是，苏洵是在当了父亲之后才爱上读书的。

苏洵生于蜀地眉山，有两个哥哥两个姐姐。苏洵的父亲苏序很重视孩子们的教育，专门设立了书房让苏洵的哥哥们学习。尽管哥哥们喜欢读书，但是苏洵和他们年龄相差过大，并没有一起学习。

那个时候，眉山子弟多数不重视读书，而是喜欢游山玩水，苏洵也不例外。因此，当两个哥哥在书海中遨游时，他却一直在山川中闲逛。哥哥们都担心他的学业，只有父亲认为他生性自由，不可强求。

转眼间，苏洵已经十六岁，心思还是不在学业上。但哥哥们早已小有成就，特别是二哥苏涣，这一年进士及第，成了官家人。这件事在眉山引起了轰动。蜀中子弟纷纷围观，一时间人山人海，道路不通。这种被千万人热捧的现象，让苏洵十分羡慕。自此以后，他出门渐渐少了，读书渐渐多了。

两年后，苏洵觉得自己的书已经读得很不错了，便去京城开封参加全国性的会试。或许是因为积累不够，苏洵落榜了。不过这次落榜并没有让苏洵知耻而后勇，反而让他又回到了那个不爱读书、四处游玩的老样子。即便结了婚当了父亲以后，苏洵依然没有定下心来。

时间一天天过去，沉浸在青山绿水间的苏洵，忽然听到一个噩耗——母亲去世了。他匆忙赶回家，和他一样从外返家的，还有二哥苏涣。丧事过后,苏涣对苏洵说:"我一直想修家谱,但实在没有时间,你能帮我圆了这个心愿吗?"为了哥哥,苏洵一口答应了下来。

修家谱需要阅读大量的历史文学资料,苏洵在阅读过程中发现,苏家历代名人多是早早就功成名就。而他呢?这么大年纪了还不想读书。想到这,苏洵的脸上阵阵发烧。

从此以后,他发自内心地认同读书的重要性,真正开始奋发图强。然而,这并没有带来苏洵科考的胜利。直到三十七岁那年,他依然榜上无名。也正是在这一年,他找出了平时写的那些文章,在上面点了一把火。从此以后他不问功名,潜心学问,开始了我手写我心的创作旅程,这也是他成为唐宋八大家的重要原因之一。

四十七岁时,苏洵带着自己最得意的文章,和两个儿子苏轼、苏辙,又一次来到了开封。让屡次落榜的苏洵没想到的是,苏轼、苏辙一举中第。一时间,苏家父子的文章传遍京城。

当时,朝廷想让苏洵也参加考试,但苏洵以身体不好为由推辞了。或许,当年那把火早已把他的功名之心烧成了灰烬。最终,尽管苏洵没有功名,朝廷还是任命他为秘书省校书郎,负责校订典籍中的错误。后来又让苏洵参与编书,于是苏洵便把毕生精力投入到编书和治学中。

苏洵在将近中年时才发奋读书,但他的持之以恒让他终于千古留名。后来他潜心著书立学和教育孩子,终于在成就自己的同时，也成就了儿子。

02
结局最好的苏辙

在三苏之中，苏辙或许不是最有名的，但却是结局最好的。和小时候游山玩水的苏洵不同，生性沉静的苏辙早早就饱读诗书，因此十八岁时就和哥哥一起考中进士。

五年后，苏辙参加了制科考试。这种考试由皇帝亲自测试，是一种选拔特殊人才的非常规考试。苏辙在考试中写了一篇策论文，批评当时的皇帝宋仁宗懒于朝政，沉迷酒色，平时只管乐呵，遇事则吓得胆破。

虽然制科中有"贤良方正能直言极谏科"，但像苏辙这么把矛头直指当今皇上的，古今罕有。看了苏辙的文章，考官们有的大加赞赏，有的大为恼怒。最后还是宋仁宗说："既然要招直言敢谏的人才，不能因为他批评我就不录取他。"所以最终苏辙被录取了，同时被录取的还有哥哥苏轼。

制科考试难度极大，北宋、南宋两个朝代加起来，总共录取的人数仅仅约四十人。但通过这种逆天考试的无上荣耀，并没有让苏辙沾沾自喜，反而让他忧心忡忡。也许是他天性谨慎，一时的热血冲动，带给他更多的是后悔。

很快，朝廷给苏辙赐了官职。苏辙并没有欣然接受，而是以服侍父亲为由推辞了，直到三年后才上任。他的这种谨慎和哥哥的率性而为虽然大不相同，但这并不影响二人的感情。相反，苏辙一生都和苏轼保持着密友一般的兄弟情谊。

苏辙四十岁那年，哥哥因涉嫌诽谤皇帝即将被逮捕。苏辙知道后，立刻让人去报信，好让哥哥做好应对准备。紧接着，他连夜给朝廷写了一份奏折，说愿意用自己的官职换取哥哥的一条命。苏轼知道后，感动地写下了"与君世世为兄弟"的诗句。

后来，尽管苏轼被免去死罪，但还是被贬黄州。朝廷认为苏辙辞官赎罪是对法律的蔑视，因此把苏辙也给贬了。但苏辙对苏轼却毫无怨言，反而在自己也不宽裕的情况下，多次借钱给苏轼，甚至卖房卖地也在所不惜。可以说，苏轼的成功离不开苏辙。

苏辙的沉静言行，给了情绪激烈的苏轼强大的心理支持；而苏辙的稳重经营，又及时地给不善理财的苏轼物质支援。所以，苏轼动不动就写诗写词给苏辙，那首流传千古的《水调歌头·明月几时有》就是因为思念苏辙而写的。

由于比哥哥谨慎得多，苏辙的仕途相对平顺，虽然也遭到过贬谪，但多数是被苏轼连累。他步步高升，甚至一路官至副相。晚年时他归隐田园，选择了当年父亲苏洵走过的路。

03
多年父子成知音

苏洵早年纵情于山水之间，但在孩子出生后却像换了一个人。旅行的朋友换成了文士儒生，游山玩水变成了闭门读书。因此在苏辙的记忆中，似乎苏洵从来就是个稳重嗜书的人。

苏洵对读书太晚有着切肤之痛，因此早早便教育苏轼、苏辙两个兄弟好好读书。苏辙虽然安静，但苏轼一向调皮，不仅自己疯玩，还经常拉着苏辙一起玩。这可怎么办呢？

苏洵想起父亲苏序当年从来没有强迫他读过书，二哥苏涣也没有那么做，但自己最终还是在苏涣的引导下走上了读书之路。于是，苏洵和孩子们玩起了捉迷藏。每当孩子们来找他，他就把正在看的书藏起来，仿佛那是一种极神秘、极珍贵的宝贝。不仅如此，还反复叮嘱孩子们不要乱动他的书。

就这样，孩子们的好奇心被成功激发，从此以后便一头扎进了书海。苏辙后来回忆说："少年时游戏图书，睡在书中。"这真是书不醉人，人自醉了。

苏洵在做秘书省校书郎之前，一直在眉山潜心于文学创作和教育孩子。让孩子爱上读书，这恐怕是苏洵作为一个父亲，送给苏辙最好的礼物了。而这一切，都被苏辙看在眼里，记在心中。苏辙意识到，这么多年，父亲的功利之心逐渐淡薄，但他对孩子们的教育却越来越重视，他的文学成就也越来越高。

渐渐地，苏辙的文章中流露出和父亲相类似的淡泊气质。六十五岁那年，苏辙在今天河南的颍河之滨隐居。像曾经的父亲一样，他不再以功名为念，而是一心一意钻研学问，直到去世。

虽然父亲苏洵终其一生也未取得功名，而苏辙自己早早就考中进士，然而他们在教育后人、著书立言这方面却惊人的一致。多年父子，终成知音；殊途同归，流芳百世。

第四章 艺术名家

李延年：小人物的青云志路

> 父母及身兄弟及女，皆故倡也。延年坐法腐，给事狗中。而平阳公主言延年女弟善舞，上见，心悦之，及入永巷，而召贵延年。延年善歌，为变新声，而上方兴天地祠，欲造乐诗歌弦之。延年善承意，弦次初诗。其女弟亦幸，有子男。延年佩二千石印，号协声律。
>
> ——《史记·佞幸列传》

"尝矜绝代色，复恃倾城姿。"自古以来，人们赞美女子样貌美丽，总离不开"闭月羞花""国色天香""倾国倾城"这些词语。其中，"倾国倾城"一词，更是将女子的魅力推至巅峰。可事实却是，若一个女子拥有倾国之姿，势必会被扣上"红颜祸水"的帽子。仿佛女子绝色，本身就是一种原罪，甚至承认她们的美丽都需要足够的勇气。正因为如此，赞美、夸奖女性美丽的诗歌，在历史上才显得弥足珍贵。

西汉年间，音乐家李延年的一首《佳人曲》，不仅为女子的"倾国倾城"正名，还把自己的妹妹成功推销给了汉武帝。最后，此曲更是流传千年而不朽。

01
一曲佳人颂，绝色丽人出

　　李延年出身于倡家，世代奏乐弄曲，为人逸情享乐。他自己也耳濡目染，自小精通音律，天资卓绝。这样的背景和天资，本该一展歌喉，成一代名伶。让人没想到的是，他年轻时因为犯罪受了宫刑，只能打点到宫中当差。本该与丝竹管弦为伴的天才，就这样委身幽暗，为汉武帝蓄畜养犬。

　　但即使身受重刑，与犬为伍，李延年也没有忘了他的"本职"，依然曲不离口，一天天唱得浑然忘我。他没有意识到，因为宫刑，自己的长相已渐趋秀美，声音变得尖细特别，阴差阳错竟受到汉武帝喜爱。

　　渐渐地，宫中歌者众多，武帝却只爱听李延年演唱。一日，武帝到平阳公主家中做客，李延年趁此机会，在酒宴前献上一首《佳人曲》："北方有佳人，绝世而独立，一顾倾人城，再顾倾人国。宁不知倾城与倾国，佳人难再得！"

　　独特的韵味加上另类的声线，让武帝听得如痴如醉。歌声优美，寓意更美，"倾国倾城"的魅力，随时在拨动着汉武帝的心弦。汉武帝叹息道："世上果真有这样的美人吗？"一旁的平阳公主趁机说道:"延年有个妹妹,便是如此。"

美人出场果然非同凡响,曼妙身姿和绝世容颜,一下就吸引住了汉武帝。随着李延年歌声渐起,其妹亦开始翩翩起舞,汉武帝大喜,遂将其妹纳入宫中为妃,封为"夫人"。从此,李夫人成了未央宫里的新宠,而李延年亦被封协律都尉,负责管理皇家音乐。

人的价值,往往在遇到机会的一瞬间就会被决定。正是由于李延年得天独厚的嗓音和对音乐独到的理解,才能将《佳人曲》演绎得如此完美。而也正是《佳人曲》缔造出一个倾国倾城、绝代佳人的形象,让汉武帝先入为主,才使得他对李夫人更为铭心刻骨。

可即使受到天子的认可,李延年仍饱受诟病。因为那是西汉,倡家的音乐人属于"下九流",更别说李延年的身份,一个走马逗狗的太监。

恶花怎么能结出善果呢?皇家正统,怎容得这样身体残缺、出身卑贱之人玷污?这是李延年心中拔不去的一根刺。就连太史公司马迁,都在《史记》中将李延年计入《佞幸列传》,将他打为奇淫巧技、专宠逗乐的小人。

直到后来,妹妹李夫人被汉武帝宠幸,李延年才从"佞幸小人"成为"皇亲国戚"。汉武帝爱屋及乌,将他封为协律都尉,掌管乐府,负责王朝的礼乐事务。李延年的音乐事业,总算是名正言顺了。

02
平步青云际，长安玉价增

其实，那些大肆诟病他的人，既不识李延年，更不懂音乐。真正能够与之相比的，还得是那位与他共掌乐府的同事，著名的辞赋家司马相如。他的琴曲《凤求凰》，也是一首传唱千年的名曲。

《凤求凰》中写道："交情通意心和谐，中夜相从知者谁？"爱人间情投意合，两心和睦谐顺，半夜里与我互相追随，又有谁会知晓？司马相如的辞赋音节流畅明亮，感情热烈奔放而又真挚缠绵。

《佳人曲》则感叹："倾城与倾国，佳人难再得！"纵使城池失守，家国倾覆，也不要失去这锦绣良缘，毕竟江山常在，而佳人终究难寻。李延年言简意赅，用男子的热切追求，衬托女子的绝世姿容。

两相对比，《凤求凰》写实，《佳人曲》务虚，前者牵引深闺才女，而后者让帝王动心。司马相如和才女卓文君的爱情，被写成琴谱，吟唱千年。《佳人曲》的辞赋音律，融合古代经典五言成句的韵律，成为后朝五言律诗的启蒙。

只可惜，千百年来，本是一时瑜亮的词曲名家，司马相如的知名度远超于李延年。实际上，李延年不仅有《佳人曲》，更在音乐创作上独树一帜。在他的主持下，乐府重编先秦以来的祭祀歌曲，汇集成传统音乐史上著名的《郊祀歌》。《郊祀歌》曲风磅礴，辞章宏伟。其中描写了天马、灵芝、鸿雁等古代祥瑞，极大地歌颂了汉朝的强盛。天朝威仪，逐渐响彻胡塞，传诵四海边疆。

李延年的创作方式也甚是特殊，《汉书·礼乐志》记载：西汉乐府，极盛时超过九百人。可堂堂近千人，唯李延年一人谱曲，再由司马相如带领数十位辞赋博士辅助，先论音律大略，再合八音之调。

传说中，由七十名童男童女齐唱李延年的祭祀乐曲，竟惹得神光流转，天地变色。当时的汉武帝正求仙问道，住在竹房中，以为天人临凡，耸然下拜。这玄幻的场景也被后世的诗圣杜甫记下：竹宫时望拜，桂馆或求仙。

李延年海纳百川，将西域的少数民族曲目融合吸收，用于汉朝的新曲。据《古今乐录》记载：张骞出使西域，路过一个名叫兜勒的小国，见当地人以横吹和号角相合，意境高邈，其苍茫辽阔之意令人折服，于是命人将乐曲带回。

听到来自异邦的乐曲，李延年如获至宝，在家中闭门谢客数日，写出了著名的《新曲二十八解》。此曲曲风宏大、疏阔，既有汉家正朝的威严法度，也有边塞胡曲的浩远苍莽。李延年将之呈给汉武帝，作为行军的武曲，一直流传到魏晋时期，绵延三百余年。

那些被汉军横扫的匈奴不会想到，以汉朝统治者的胸襟，居然将敌人的乐曲用于军阵,激发将士雄雄战意;更不会知道,这行军武曲的背后,是一个时代的集大成者,一位真正的大师。

03
佳曲不再有,丽人难再得

命运总是不言不语,却让人措手不及。李夫人为武帝生下儿子昌邑王刘髆后身体渐虚,没过多久,便一病不起。武帝心疼不已,每日必去看望,可李夫人却蒙被掩面,不肯相见。

武帝以赠其千金、授其兄弟官职为条件想要见她最后一面,可她依旧以"妇人容貌未曾修饰,不可以见君父"为理由,拒而不见。汉武帝见李夫人不肯妥协,愤恨而走。

李夫人的姐妹责问她:为何平日事事顺从武帝,如今却要驳他脸面?李夫人忧叹道:"我如此这样,便是为了将兄弟托付于他。我出身卑贱,皆因样貌深受皇恩。然而凡以容貌侍人者,色衰而爱弛,爱弛则恩绝。皇帝念及的是我倾城之色,如今我颜色非故,他看后必心生厌恶,又怎会因为我而厚待我的兄弟呢?"

这一刻,李夫人是如此清醒,又如此聪慧,她深知武帝多情,前有金屋藏娇,后有卫子夫兄弟功成名遂。她又明白武帝一向薄情,陈阿娇被废于长门宫,卫子夫容颜不再难获恩宠。与其相见，不如怀念；与其刻意，不如无意。她一辈子都在以色事人，临终之前，她要将自己的绝代容颜深深留在武帝心中，让他知道"佳人难再得"。

然而，虽然李夫人摸透了武帝的心，却忽略了兄弟们的性情。汉武帝对李家的重视，却惹得李家生出骄恣之心，惹下大祸。身为兄长的李延年虽醉心音乐，没有与兄弟作奸犯科，可依旧被家人所牵连，落得性命不保。

袁枚在《随园诗话》中写道："自古美人如名将，不许人间见白头。"这仿佛在说李夫人，亦仿佛在说李延年。他们兄妹，因《佳人曲》而兴，亦因此曲而亡。

人生莫测，让人唏嘘。自古以来，以声色事人者，俱被世人鄙夷。像李延年这样的歌者，我们称呼他为音乐家，而在汉朝却被叫作"倡"。虽然他在音乐方面独树一帜，甚至《佳人曲》还影响了后世律诗的形成，但他因"倡"和外戚的身份，仍然被司马迁列入《佞幸列传》。这对他来说，何尝不是一种委屈，一种耻辱？《佳人曲》的背后，更多是小人物的悲哀。

李延年的一生，可以看作是古代底层人物盛衰转变的一个缩影。哪怕赢得帝王欢心，哪怕赚得功名利禄，可转眼间依旧南柯一梦。哪怕他伤而不悲，荣而不妄，将一生都奉献给自己热爱的音乐，却仍没有得到善终。

李延年是那么渺小，面对未来，拼命挣扎向上。可当现实印证梦想时，才知道人生是怎样冷酷。眼前光鲜亮丽，身后却无路可回,他唯有含着泪、咬着牙负重前行。

纵观古今南北境,无人再歌凡人心。佳人难再得,优秀的艺术家又何尝不是?李延年从来都是小人物,可《佳人曲》却被流传千年不朽。这或许是对他最好的告慰。

王羲之：书圣爱大鹅

性爱鹅，会稽有孤居姥养一鹅，善鸣，求市未能得，遂携亲友命驾就观。姥闻羲之将至，烹以待之，羲之叹惜弥日。又山阴有一道士，养好鹅，羲之往观焉，意甚悦，固求市之。道士云："为写《道德经》，当举群相赠耳。"羲之欣然写毕，笼鹅而归，甚以为乐。其任率如此。

——《晋书·王羲之传》

东晋永和九年（353年）的三月三日，是一年一度的上巳节。在这天，人们会结伴去河边饮宴游玩，沐浴春风，以此来消灾祈福。这一天"天朗气清，惠风和畅"。许多知名文人相聚在会稽山阴的兰亭，共同参加了一场载入史册的盛会。

流觞曲水，觥筹交错，饮酒赋诗，弹剑抚琴，喧闹之中又不乏祥和之气。酒酣耳热之际，但见其中一人拂袖而起，大笔一挥，便为后人留下了这"天下第一行书"——《兰亭集序》。此人便是被后世誉为"书圣"的东晋书法家——王羲之。

01
小时了了大亦佳

王羲之生在书香门第,他的父亲王旷是一个书法爱好者,收集了许多书法典籍。耳濡目染下,幼年的王羲之对书法充满了热爱,而且表现出了极高的天赋。王羲之七岁时就以"善书"闻名,当别的小伙伴还在玩泥巴的时候,他已经可以提笔成书了。

爱迪生说:"天才是百分之一的天赋,加上百分之九十九的汗水。"王羲之的"艺术人生",就完美地诠释了这句话的含义。

有一次,十二岁的王羲之在父亲的枕头下面发现了一本书法秘籍——《笔说》。于是他便偷偷拿来读,父亲发现后问道:"你为什么偷我的秘籍?"王羲之听了,只是微笑不语。站在一旁的母亲则笑着说:"欲看尔用笔法。"

父亲见王羲之年纪幼小,认为他掌握不了秘籍中的奥妙,便对他说:"等你长大成人后,我再传授给你吧。"不想王羲之却诚恳说道:"使待成人,恐蔽儿之才也。"父亲听后大奇,深觉此子是个可造之才,于是便将《笔说》传授给了他。此后,王羲之勤加练习,不到一月工夫,书法水平已是大有长进。就连当时的书法大家卫夫人看了之后,也不由得点头称赞。

王羲之学习书法极为认真,他十年如一日地苦练着,甚至连吃饭、走路的时间都不放过。有时候身边没有纸笔,他就在自己的衣服上练习。久而久之,衣服都被磨破了。

他还常常在池塘旁边练习,就池洗砚,时间长了,池水尽墨,人称"墨池"。也正是王羲之的苦心钻研,使得他的笔力达到了常人所不能及的地步。

后来,皇帝要到京都北郊的覆舟山去祭神,事先让王羲之把祭文写在木制祝版上,然后再派人去雕刻。刻者把木头剔去一层又一层,发现王羲之的墨迹竟渗进木板深处,直到剔去三分厚才见白底!刻者不由得惊叹其笔力雄劲:"竟入木三分!"

02
天生才士定多癖

但凡文人才士,大都有自己独特的癖好。比如有人癖于书,有人癖于钱,也有人癖于刀剑,但王羲之却癖于鹅。对他而言,欣赏一头大鹅,无异于欣赏一篇炉火纯青的书法作品。所以当他听说有一个道士喜欢养鹅时,便在第一时间前去拜访了。

看了道士的鹅之后,王羲之非常中意,便想向道士求购一只。道士深知王羲之是大书法家,便对他说:"为写《道德经》,当举群相赠耳。"王羲之二话没说,欣然写毕,笼鹅而归,喜不自胜。

王羲之喜爱养鹅,固然是文人雅事、陶冶情操,但更为关键的是：他能从鹅的体态、姿势中，体会出书法运笔的奥妙，从中领悟执笔、运笔的道理。比如，他认为执笔时，食指要像鹅头一样昂扬微曲；运笔时，则要像鹅掌拨水一样，方能使精神贯注于笔端。

当然，王羲之可不只是个养鹅写字的文人，更是一个心怀苍生的君子。

东晋王朝偏安江南一隅，内忧外患，政治腐败，底层百姓苦不堪言。王羲之体恤民生疾苦，关心时事，在为官任职之时，常常知无不言，面对狂妄的权臣敢于直谏，面对昏庸的皇帝也是毫不留情，"以骨鲠称"。

针对当时吏治腐败的现象，王羲之多次上书朝廷，希望皇帝能亲贤远佞，严厉打击那些贪官、散官。王羲之虽然外表洒脱不羁，但他的心中始终装着百姓，希望百姓能够"小得苏息，各安其业"。

03
兰亭集会兴盛事

人们常说，字如其人。王羲之随性率直，为国为民，正是这样的心性，造就了王羲之"飘若浮云，矫若惊龙"的书法意境。

说到王羲之的书法，就不得不说一说他的《兰亭集序》。时任会稽内史的王羲之已年至五十，随着年龄的增长，他的书法技艺也达到了炉火纯青的境界。

在上巳节那天，王羲之邀请了很多好朋友相聚于会稽兰亭，并趁着酒兴写下了流传千古的《兰亭集序》。后来酒醒，王羲之看了自己所写的序文，连自己也大为惊叹。单说其中的二十一个"之"字，字字不同，各呈美态，短短三笔，变化无穷。以后的日子里，王羲之总想找到当天的创作灵感，但反复重写序文，也终是求而不得。这样一来，《兰亭集序》就成了连王羲之本人也写不出来的"绝版书法"了。

王羲之书法绝妙，历朝历代都不乏狂热爱好者，其中更以唐太宗为最。唐太宗曾评价王羲之说："心慕手追，此人而已，其余区区之类，何足论哉！"于是他想方设法地去收购王羲之的作品，唯独那《兰亭集序》迟迟没有到手。

《兰亭集序》为王家历代传承之宝，从王羲之开始，一直传到第七代孙王法极手中。但王法极后来出了家，僧名智永。智永后便将《兰亭集序》传给了自己的徒弟辨才和尚。辨才和尚是十分爱才之人，他对这件墨宝十分珍惜，一直藏在自己家中，秘不示人。

后来在一个偶然的机会里，唐太宗得知《兰亭集序》的真迹在辨才和尚那里，于是就将他请到长安，想通过各种手段来获取这一真迹。但辨才和尚一直装傻充愣，说这真迹早在几年前就不知所终了，自己也不知道在哪里啊！

这唐太宗是一代明君，顾忌身份，自然不肯去抢，于是只好把辨才和尚给放了回去，不过他依旧不死心。后来，唐太宗心痒难搔，只好派一个聪明有谋的大臣，去辨才和尚那里打探消息了。而这一重任，就交给了当时的监察御史萧翼。

04
千方百计取遗真

萧翼知道这并不是一件容易的事，于是就向李世民提了两点要求：首先就是不要公开，第二就是借给他几件王羲之的真迹。在唐太宗应允后，萧翼便打扮成书生模样，来到了浙江绍兴辨才和尚的居住地。

萧翼先是不动声色，每天都在辨才和尚家附近的寺庙里观看壁画，以此来吸引对方的注意。果不其然，辨才和尚渐渐对萧翼产生了好奇，于是主动和他攀谈起来。萧翼见对方已然入彀，不由得暗自欢喜，和辨才和尚谈了两句，便说自己有几件墨宝想卖出去，补贴家用。

辨才和尚一听便上了心，邀请萧翼到家里一叙，两人从此成为好友，渐渐无话不谈。萧翼见时机已然成熟，便对辨才和尚说："我从小就很喜欢王羲之的书法，实不相瞒，我带的这两件珍宝就是王羲之的真迹。"

辨才和尚一听十分高兴，赶紧让他拿出来瞧一瞧，萧翼便把两件珍宝递了上去。辨才和尚一看，果然是王羲之真迹。和尚攀比之心较胜，不甘心被别人比了下去，于是便道："你这虽然是真迹，但却不是最好的，我有一件墨宝，堪称举世无双。"

萧翼听后表示不相信，辨才和尚笑而不语，带着萧翼进了自己房里，将《兰亭集序》的真迹取了出来。萧翼因此得知《兰亭集序》所藏之地，后来找了个机会，竟将这幅珍宝给偷了回去，献给了唐太宗。

唐太宗得到墨宝后，很是高兴，但终究有些愧疚，于是便赏给辨才和尚许多钱财以作弥补。只可惜辨才和尚心有所失，心情抑郁，没过一年就病逝了。

再后来，《兰亭集序》竟被唐太宗带进了自己的陵墓之中，从此绝迹于世间。虽然兰亭真品如今已无处可观，但从后世摹本中，我们仍能窥见兰亭遗韵。

《兰亭集序》之所以为世人追捧，不仅是因为书法本身的魅力，亦得益于王羲之本人的人格魅力。赵孟頫在《松雪斋书论》中说："右军人品甚高，故书入神品。"

王羲之的一生，可谓"成也书法，败也书法"。因为书法，他为万世铭记，成了世代称颂的"书圣"；但也正是因为书法的光芒太过耀眼，掩盖了他尽职尽责、为国为民的拳拳之心。也许，我们只有揭去他书法上的光辉成就，才能真正看到一个实实在在的王羲之。

顾恺之：神一般的点睛之笔

> 尤善丹青，图写特妙，谢安深重之，以为有苍生以来未之有也。恺之每画人成，或数年不点目精。人问其故，答曰："四体妍蚩，本无阙少于妙处，传神写照，正在阿堵中。"
>
> ——《晋书·顾恺之传》

有这样一位画家。在他之前，画师只是普通的工匠，身份卑微，不被尊重。在他之后，画和琴、棋、书并肩而坐，合称为"君子四艺""雅人四好"。

他以一手绝妙的丹青，成为中国美术史的一个不可忽视的坐标。他就是有着画绝、文绝、痴绝"三绝"之称的东晋著名画家——顾恺之。

01
稚子痴心，夙愿可成

顾恺之出身于名门望族，从小骨子里就有一股"痴"劲。他出生后不久，母亲就去世了。长到四五岁时，看到别人都有母亲，他伤心之余，更迫切地想知道母亲的模样。可母亲已经故去，能有什么法子？

尚未启蒙识字的他偏不肯放弃，他仔细地向父亲请教关于母亲的五官、身材、穿着甚至言行。然后，他根据父亲所述描绘母亲，一丝不苟地画着，画好了他就拿给父亲看。

自然是不像的，可他也不气馁，哪里不像就慢慢调整，这一坚持就是几年。

春去秋来，画中的母亲越来越有神韵，相像的地方也越来越多。母亲一点一点在他心里清晰了起来，画艺也在一天天中越加纯熟。一天，他像往常一样拿出新作的画像给父亲看。这一次，父亲被深深地震撼了："这就是你的母亲啊！"他终于心愿得偿，"见到"了自己的母亲。

聚沙成塔，水滴石穿，这段经历，为他画人物打下了坚实的基础。名士裴楷，容貌俊逸，谈吐不凡，被大家誉为"玉人"。顾恺之在给裴楷画像时，在他脸颊处画了重重的三根毫毛，顿时画中的裴楷变得活灵活现、气质夺人。别人问他何故，他说裴楷俊朗有才识，而这三根毫毛能让别人在观看画像时，略过裴楷的帅气，而感受到他的风采神韵。

唐代书法家张怀瓘在《画断》中说道："象人之美，张（僧繇）得其肉，陆（探微）得其骨，顾（恺之）得其神。神妙无方，以顾为最。"

他的人物画有多传神呢？据《晋书》记载，他喜欢上一个邻家女子，表白被拒。他就画下女子的画像，挂在墙壁上，用针扎女子的胸口。女子因此心口疼痛，他就借机关心，女子被感动，就答应了他的追求。于是他把针拔掉，女子的病竟不治而愈。

故事未必真实，但传奇趣事背后，是对他人物画的高度认可。他所绘的人物清瘦俊秀，被誉为"秀骨清像"。成熟的线描技法，被赞为"春蚕吐丝描""高古游丝描"，流传至今。

02
画之精妙，点睛传神

精通人物画后，顾恺之不断拓宽自己的绘画边界，钻研佛像、禽兽、山水画等。技艺日渐纯熟的他，经常画完画后数年不点眼珠。对此，他有言："四体妍蚩，本无阙少于妙处，传神写照，正在阿堵（这眼睛）中。"

他点睛传神之说并非虚谈。364年，慧力和尚兴建瓦官寺，请士大夫布施，当时捐得最多的也不过十万钱。当筹到顾恺之名下时，他大笔一挥，在功德簿上写下：一百万。众人都以为他在吹牛，和尚也不大相信，追着请他兑现。顾恺之胸有成竹地说："请贵寺给我一面空白墙壁。"

一个多月后，墙上多了一幅维摩诘居士的画像，唯独没有画眼睛。他对众人说："我将当众点睛，不过第一天观画者需捐资十万，第二天需捐资五万，第三天起随意。"

点睛之时，只见他拿起画笔，在佛像的眼睛处轻轻一点，霎时，维摩诘居士"复活"一般，佛光普照，眼含慈悲，仿佛在悲悯众生。众人直呼神奇，纷纷捐资，很快便破了百万钱，瓦官寺更因此声名远播。

"诗圣"杜甫在观赏《维摩诘像》后，题诗赞道：

> 看画曾饥渴，追踪恨森茫。
> 虎头金粟影，神妙独难忘。

虎头正是顾恺之的小名，一幅画，能历经三百多年荣枯仍为后人所津津乐道，实在可见传神之妙。

眼睛是人之精气神所在，顾恺之曾表示："若长短、刚软、深浅、广狭与点睛之节，上下、大小、浓薄，有一毫小失，则神气与之俱变矣。"

一次，他想给殷仲堪画像，但殷仲堪顾虑自己的眼疾，怕画出来不雅，因此屡次拒绝。得知缘由后，他想了个巧妙的法子：

"如果以飞白的手法轻轻擦过,眼睛看上去犹如薄云蔽月,岂不是很美吗?"他说到做到,画中眼睛处就像月亮被一片薄云遮盖,带着淡淡的朦胧美。

顾恺之的"点睛"之术愈加响彻画坛。唐代画家张彦远评价他的画:"意存笔先,画尽意在,所以全神气也。"名相谢安很赏识他,赞他:"苍生以来未之有也。"

03
此心不息,再上层楼

顾恺之痴迷绘画,但没有清高的"艺术家脾气",为人幽默风趣,爱开玩笑,颇具"浪漫主义气质"。

他顺心而为,对于能让他怦然心动的人和事物,他总忍不住"落笔成画"。他欣赏嵇康的四言诗,就喜滋滋地为这些诗作画。他喜欢张华的《女史箴》,就绘成《女史箴图》,女史个个身材修长、面容姣好,但因动作、背景不同而性情分明、各具神思。因其真实而生动地再现了贵族女子的娇柔、矜持,成为旷世之作,驰名古今。他读到曹植的《洛神赋》,心动不已,就决定绘成爱情画卷,也就是《洛神赋图》。将一篇千字的爱情故事,全部绘成画作,简直闻所未闻。万一失败,多年的声誉或将毁于一旦。难度之大,后果之重,他完全不想,只一心扑在画上。

他大胆创造了"连环画"的形式，绘成超长卷轴，将曹植与洛神的凄美爱情娓娓道来，像一帧帧唯美的动画跃然于眼前。画山有灵，画人传神。线条简练飘逸，色彩典雅鲜丽，整体呈现出浪漫而自然的动态情境之美。《洛神赋图》开创了中国传统绘画长卷的先河，被列为中国十大传世名画之一，成为他流传千载的巅峰之作。

元代书画家柯九思评价他："人称虎头为画中之圣，予又谓为画中之神，八百年来继起亦多矣，诚无有逾于此者。"顾恺之一生收获赞誉无数，但他始终清醒自知，不断寻求突破。绘画大成之余，顾恺之将自己多年的绘画心得编写成书，在《论画》《魏晋胜流画赞》《画云台山记》等一部部匠心之作中，提出了诸多实用的绘画技巧和创作理论。

尤其他提出的绘画理念——"形神论"（即"形"与"神"的关系），奠定了中国绘画理论的基础，对后世影响深远。从此，在知名画家之后，他又多了一重头衔——绘画理论家。

04

乱世风云，不减纯真

顾恺之博学多才，工诗赋，善书画，但其实他的正职是一名武官。只不过，在权臣迭起、政局动荡的东晋王朝，仕途太过艰险多变。也因此，文人雅士大多无心仕途，行为风格多率直洒脱、闲远超然，追求精神自由。

在狂歌纵酒的欢笑之下，多数文人似有几分无奈。相比之下，顾恺之更能自得其乐。他没有强烈的政治野心，满腔是对艺术的热爱，行为天真，内心通透。

一次，顾恺之有事外出，将一箱子心爱的画用封条封好，寄存在桓玄处。桓玄捉弄他，撬开箱子将里面的画全拿走，将空箱子还给他。顾恺之没有大吵大闹，反而乐得拍手："妙画神品，皆有灵性，像修炼成仙一样飞走了。"

得之珍惜，失之不忧。看淡得失的他，有一颗知足常乐的心。

还有一次，桓玄持一柳叶，骗顾恺之说有隐身的功能，顾恺之听了十分高兴，拿着叶子就"隐身"起来。桓玄故意装作看不到他，在他身边小便，顾恺之更加信以为真，将柳叶当宝贝珍藏起来。有人笑他傻，有人说他装傻，顾恺之没有辩解。

后来，野心勃勃的桓玄谋反兵败，顾恺之作为桓氏父子多年的下属和朋友，并未受到牵连。

大智若愚的顾恺之，曾自谦地说："恺之体中痴黠各半，合而论之，正得平耳。"我身上痴愚、聪慧各占一半，合起来，正好平平常常。

在那个只够"独善其身"的年代，顾恺之的超凡之处不只是成为一代大家，还有修得一颗平常心的智慧。知世故而不世故，历圆滑而弥天真。在人生的长河里,他以一颗孜孜不倦的"痴心",在艺术文学中精益求精,不断提升自己的人生价值。又以豁达通透、明哲保身的处世智慧,活出自己的真性情,也活出了一生的平安顺遂。

而他的一生,也让世人明白:做事有"痴"劲,做人不较劲,努力成为更好的自己,是一个人最智慧的活法。

欧阳询：隶书到楷书的跨越

> 父纥，陈广州刺史，以谋反诛。询当从坐，仅而获免。陈尚书令江总与纥有旧，收养之，教以书计。虽貌甚寝陋，而聪悟绝伦，读书即数行俱下，博览经史，尤精《三史》。仕隋为太常博士。高祖微时，引为宾客。及即位，累迁给事中。询初学王羲之书，后更渐变其体，笔力险劲，为一时之绝。人得其尺牍文字，咸以为楷范焉。高丽甚重其书，尝遣使求之。高祖叹曰："不意询之书名，远播夷狄，彼观其迹，固谓其形魁梧耶！"
>
> ——《旧唐书·欧阳询传》

古人对欧阳询的楷书推崇居多，誉其为楷书四大家之一。后人学习楷书也多从欧体入手，自唐时起，欧楷的追随者就代不乏人。由于欧字规矩严，结构平稳，端正至极，所以后世科举取士就以欧字为考卷的标准书体。

中国的书法博大精深，单从其种类来看，就有篆书、隶书、楷书、行书等多种。但跟我们生活最贴近，最容易被大众接受的，还是当推楷书。毕竟上学读书期间，我们就会统一学习正楷字。外国人口中的中国"方块字"，其实也就是指的正楷字。

因为楷体本身就讲究中正工整，最有规矩和结构，让人看着就觉得舒服和大气。回顾历史，正楷字的进化其实也经历了漫长的过程。在这期间，有不少古人前辈做出了极大的贡献，比如欧阳询。

01
生于忧患淬真金

欧阳询，从隋朝一直活到了唐朝贞观年间，终年八十四岁，是一位高寿长者。他和颜真卿、柳公权、赵孟頫并称为楷书四大家。除此之外，他还跟虞世南、褚遂良、薛稷一起合称初唐四大家。

我国很多大师，都出自书香世家，比如西晋的王羲之、王献之，北宋苏家三父子。那欧阳询有如此高的成就，是否也得益于自己的家世呢？完全没有。

欧阳询的祖父欧阳頠，在南陈王朝倒是响当当的角色，封爵山阳郡公，之后由欧阳询之父欧阳纥承继爵位。按理说，欧阳询应该是标准的官三代出身，生活不会差，毕竟老爸欧阳纥也是能力出众，功勋卓著者。可在当时的皇帝看来，他的老爸能力太强,不容易控制,于是就拜他为左卫将军。

对于这种安排,欧阳纥当然颇为不满,以至于决定在广州起兵谋反。第二年,欧阳纥就落了个兵败家亡、满门抄斩的悲惨结局。最后只有儿子欧阳询幸免于难。

后来,欧阳纥的至交好友江总收养了十四岁的欧阳询。虽然原生家庭充满不幸,但这位养父挺身而出,弥补了欧阳询的缺憾。

江总有多厉害?后人曾说他"不独以文学称著于世,其书法亦为唐书论家所重",足以见得他的文化功底。在他的熏陶下,少年欧阳询不仅痴迷于《史记》《汉书》等历史著作,还对书法产生了浓厚的兴趣。

关于欧阳询苦练书法的经历,有很多故事流传至今。

有一次,他骑马外出,偶然在路边看到一块石碑。这个石碑上的碑文不是无名路人所写,而是晋代书法家索靖所写。霎时间,欧阳询就像浑身触电一般,被这种穿越时光的文字力量所震撼。他先是在马背上徘徊良久,最后干脆下马仔细端详。观摩良久,他还是不愿意离去,索性铺上毡子,坐在石碑跟前反复琢磨。这一坐,就是整整三天三夜。

02
继往开来成大道

要想成为一个行业最顶尖的人物，有时候光靠努力是不够的，还必须有万中无一的悟性和慧根。毫无疑问，三日而得索靖书法精髓的欧阳询就是那旷世奇才。这一点，史书里也直接给予了高度评价，称他"聪悟绝伦"。尽管天赋异禀，但欧阳询为了练习书法，所付出的专注和努力也是他人难以望其项背的。

王羲之是欧阳询少年时期的偶像，为了临摹王羲之的笔法，欧阳询曾经花重金买来他的作品《指归图》，然后花整整一个月时间练习模仿。成年之后，欧阳询不仅学到了王羲之的诸多精髓，在书法某些方面甚至还超越了王羲之。以王羲之旷古绝今的成就和作品而言，后人能在某个细节上接近他已属不易，更别说超越了。

到了欧阳询晚年，由魏徵撰文，他执笔书写的《九成宫醴泉铭》一经问世，便惊艳了整个大唐帝国。当时，唐太宗李世民来到九成宫避暑，偶然发现一泓清泉，惊喜过望。

在他看来，这泓清泉能够被发现，是因为他这个九五之尊的美好德行所致，需要有一块石碑来纪念下这个奇迹。当然，这块石碑不能只是单纯地歌颂他的文治武功，还要以灭亡的隋朝为戒，提醒他守正斥邪，勤俭治国。

于是，他便下令由魏徵撰文，欧阳询负责书写，《九成宫醴泉铭》便由此而来。这幅作品有一个很显著的特色：笔法规范协调，如果我们把它的字放到米字格里面，每个字都能完美地装填在格子里。

在欧阳询之前，钟繇和王羲之都有楷书作品流传于世。但仔细观察，他们的笔法中渗透着浓厚的隶书风格，跟我们现代意义上的楷书还是有很大差别，属于萌芽和摸索阶段。而到了欧阳询手里，楷书就从依赖于隶书的阶段，过渡到现代意义上的楷书。

从此以后，我们心目中的正楷字体便应运而生，历经一千多年依然毫不褪色，《九成宫醴泉铭》也因此有了"天下第一楷书"的美誉。

03
人生天地无所惧

常言道：文如其人，字如其人。人们常常通过一个人的字迹，来判断这个人的相貌和形体。由于欧阳询的字体力道非同寻常，又自创了"欧体"，所以很多人都把他的作品奉为无上经典，纷纷学习临摹。

到后来，他的作品的知名度不仅局限于唐帝国内部，甚至连周边的邻国都对他倾慕不已。有一次，高丽国还专程派使者前来，只为求得他的墨宝。对此，高祖李渊就感叹说："这些人看了欧阳询的字,必然也会认为他身材高大、形貌魁梧啊!"

那真实的欧阳询是何等模样呢?说出来大家可能会失望。无论《新唐书》还是《旧唐书》,都对欧阳询的相貌没啥好评价。《旧唐书》说他"貌甚寝陋",《新唐书》则是说"貌寝侻"。

不管三个字还是四个字,结论只有一个,那就是丑。苏东坡虽然长得一张长脸,和大家眼里风流倜傥的帅哥才子形象有出入,但好歹是正常人的模样,不会因为这个让别人对他有什么偏见。但欧阳询则不同,他的丑陋让很多有头有脸的人都禁不住吐槽,甚至还在公开场合闹笑话。

《旧唐书·许敬宗传》里,就记载了这样一个让人啼笑皆非的故事。唐太宗的文德皇后去世,举办葬礼,文武百官都要出席。可就在这么肃穆的典礼上,很多人就因为欧阳询的奇特相貌而指指点点,议论纷纷。到后来,当朝宰相许敬宗居然没能忍住,在皇后的葬礼上哈哈大笑,结果立即被御史弹劾,不久后就被贬为洪州都督府司马。

当众取笑别人的相貌,别说是那些达官贵人,就是稍微有点礼教的人,都不会做出这种事。但我们从另一个层面也能看出,能让当朝宰相都忍俊不禁,可见欧阳询确实不符合所谓"字如其人"的标准。

但"字如其人"的含义真的那么肤浅么?当然不是。"字如其人",更多指这个人的秉性和气度,岂是单单相貌那么简单?欧阳询胸中有气象,自然笔下力道深厚,让人拍案叫绝。而且,能够在笔力险劲上超越王羲之的人，身上肯定也有傲骨和气度。

唐代笔记小说《隋唐嘉话》中记载了这样一个故事：长孙无忌曾经当面写诗嘲笑欧阳询外貌："耸膊成山字，埋肩不出头。谁家麟阁上，画此一猕猴？"对此，欧阳询毫不留情，立即回敬一首："索头连背暖，漫裆畏肚寒。只因心溷溷，所以面团团。"旁边的唐太宗李世民见状，连忙出来打圆场。

由此可见，欧阳询是一个有傲骨、有自信的人。如果之前许敬宗在皇后葬礼上不是讥笑他，而是作诗讽刺他，他也绝对敢当面写一首对回去。

李白曾经感叹："安能摧眉折腰事权贵，使我不得开心颜。"这句话，道出了天下文人的心声。欧阳询虽然没留下类似的豪言壮语，但他却用自己的行动在维护着尊严。

04
胸有翰墨天自宽

欧阳询去世后，他的儿子欧阳通也继承了他的衣钵，坚持练习书法。后来虽然没能达到和父亲并驾齐驱的境界，却也相当接近，于是便有了"大小欧阳体"的美誉。

关于欧阳询在楷书领域史无前例的贡献，无论同时代的人，还是后世的学者与书法爱好者，都完全无法否认。可以说没有欧阳询，就没有我们现在所熟知的正楷字。不管他和颜真卿的楷书造诣孰高孰低，但他作为整合并弘扬正楷字体的第一人，无论何时何地，都是书法界最耀眼的明星之一。

褚遂良也是初唐书法大家，他就问过虞世南："我和欧阳询比谁更厉害？"虞世南说："我听说欧阳询不论什么纸笔，都能行云流水般书写，您哪能做到这样呢？"

褚遂良听后颇为不解，又问："那么我该怎么做呢？"虞世南说："如果能做到手笔协调，心笔如一，那您肯定能受到尊崇。"

这一番对话，让人想起了晚年舍玄铁重剑而用木剑的大侠独孤求败，以及日本剑道中推崇的"剑禅一如"。真正的绝世高手，不都是把作品写在心中，然后随意挥洒、纵横驰骋吗？

纵观欧阳询的人生开局，没有颜值，家道中落，甚至一度性命堪忧，但他却凭借天赋与努力，练就绝世的才华与风骨，镌刻下千古难觅的大师传奇。只要找到属于自己的剧本，就算做不了欧阳询，我们也能活出别具一格的风采，不枉世间走这一遭。

米芾：癫狂书画家

> 芾为文奇险，不蹈袭前人轨辙。特妙于翰墨，沈著飞翥，得王献之笔意。画山水人物，自名一家，尤工临移，至乱真不可辨。精于鉴裁，遇古器物书画则极力求取，必得乃已。……冠服效唐人，风神萧散，音吐清畅，所至人聚观之。而好洁成癖，至不与人同巾器。所为谲异，时有可传笑者。无为州治有巨石，状奇丑，芾见大喜曰："此足以当吾拜！"具衣冠拜之，呼之为兄。
>
> ——《宋史·米芾传》

大宋年间，汴京城，一向颇有秩序的大街忽然变得闹哄哄的，路人们看着街上的一乘轿子，瞪大了眼，指指点点。只见那轿子没有顶盖，里面直撅撅地冒出一顶高帽。后来，人们才知道，轿子里那个戴高帽子的人，叫作米芾。可是，他为什么要戴一顶那么高的帽子，搞得自己好像一个唐朝人？

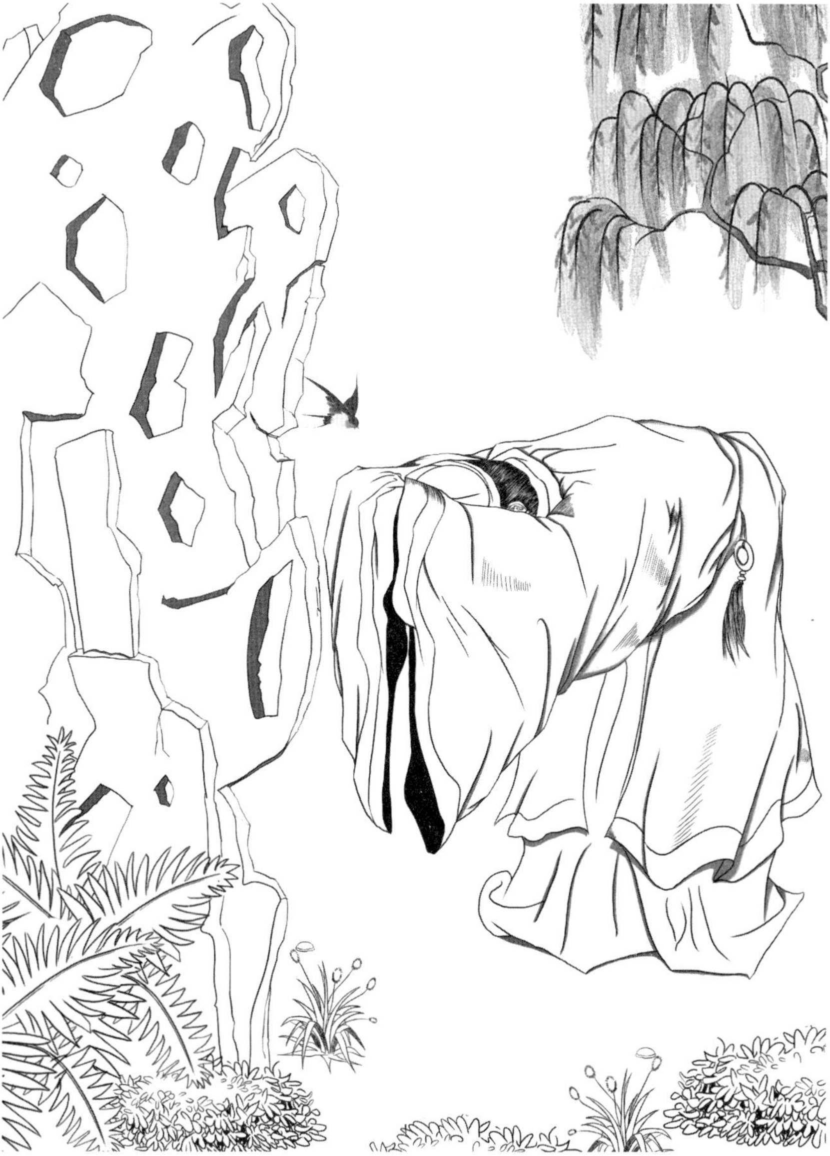

01
天性率真

米芾出生时,大唐王朝已覆灭一百多年。那高歌猛进、丰腴富丽的时代已然远去,如今的宋朝简约澄澈、静淡内敛。

那个时代,学而优则仕。文士儒生赶上了有史以来对文人最重视的时代,于是纷纷锤炼文才,好求得功名。然而,米芾却对书法产生了超出常人的兴趣。别人练好书法是为了在考场上给考官留下好印象,而米芾却觉得书法就是他的命。

他这一生,自幼时学习书法后,便每天练习,一天不练就觉得生涩。他儿子米友仁回忆说,米芾生前每天都要看书法名帖,白天反复观摩、练习,晚上把帖子放在小箱子里,再搬到枕头旁边。

虽说文人们都爱书法,但是他为书法所付出的代价,是一般人难以理解的。《宋史》说他"好洁成癖"。洗手的水盆,擦手的毛巾,他是绝对不和别人共用的。《翰墨志》记载,米芾在为女儿选夫婿时,听到了这么一个名字——段拂。段拂,姓段,名拂,字去尘。连起来,就是擦拭灰尘的意思。米芾据此认为这人应该很爱干净,于是就把女儿嫁给他了。

如此种种,米芾就被当时的人称为"米颠"。"颠"通"癫",意思是不太正常。但后来大家才知道,米芾这些所谓癫狂的行为,多半是出于他对书法的狂热。一旦涉及书法,他就格外怪异，不近人情。不管关系多好的朋友，如果想看他的藏品，那就一定要洗手。不仅要洗手，看的时候还绝对不能伸手。

为了让他的藏品不受丝毫污染，米芾甘愿充当仆人的角色。"客曰展，某展；客曰卷，某卷。"客人说展开看看，米芾就展开给人看看；客人说卷起来吧，米芾就麻溜地卷起来。总之，就是不许别人的手沾到他的藏品。岂止是手，就连衣服碰到也不行。

为了书法，米芾全然忘了世俗礼仪；为了书法，他绝不肯将就。这其实是因为他天性喜好书法，从骨子里把书法当成世间最重要的事物。从这个意义上讲，与其说米芾癫狂，倒不如说他率真。他的率真为他赢得了不少知心好友。例如大米芾十几岁的苏轼，就说米芾是"天下第一等人"。

苏轼和米芾相知多年，在米芾的书法道路上起过极其重要的作用。早年间，米芾学的是唐朝书法家如颜真卿、欧阳询、褚遂良等人的书法。后来，苏轼指点他说，唐代的楷书过于严整，晋代的行书更为舒展，建议他不妨学学晋人。晋人飘逸、自由的书法特点，与米芾率真的个性更为契合，让他逐渐发展出独特的书法风格。

02
文人风致

自学习晋人书法后,米芾对唐朝的书法就不屑一顾了。渐渐地,他对唐朝书法家的批评有些难听了。他说:"书法之中,欧阳询怪,柳公权丑,张旭丑,怀素淡。"这段话招致当时许多人的批评,就连后世的书法家也觉得有失偏颇。

然而,这还不算什么。到了后来,米芾连晋人的书法也有些看不上了。有一次,他在宋徽宗的瑶林殿尽情挥洒,一幅二丈多长的绢帛,一气呵成。写完之后,他兴奋地说:"一洗二王恶札,照耀皇宋万古。""二王"指的是王羲之和他的儿子王献之,而米芾最喜欢王献之。但如今,他觉得二王的书法也颇"丑恶",比自己的差远了。

如此看来,米芾很狂。但他不仅不以为耻,还沾沾自喜。曾有一个朋友夸他书法天下第一,他说:"你或许看走了眼,但既然咱俩是朋友,这个称号我也就欣然笑纳了吧。"

米芾之所以这么狂,一方面是因为他的确有狂的资本。他的书法天下闻名,每天来求字的人,踏破了门槛。后人综合评价宋四家的成就时,认为单论书法的技巧与成就,米芾当为第一。苏轼之所以为宋四家之首,是因为他的书法修养在米芾之上。

另一方面,米芾也是为了消解自己文才一般、政绩平平的尴尬。米芾虽然也有好句子曾被王安石写在扇面上,但在宋四家中，他的文才远不及苏轼和黄庭坚。最让他难堪的是，他不是科举出身。不经科举，很难入仕。就像天纵奇才苏洵，当年虽然名动京城，但是因为没有中举，所以迟迟不能入仕。

而米芾则更加尴尬。米芾不仅没中过举，也没有苏洵那般的才分，而是凭着关系当的官。米芾的生母曾经伺候过宋英宗的皇后高滔滔，凭着这点关系，米芾早早便出来做官了。这自然遭到了大多数文人儒士的鄙视，每当米芾略有升迁时，总会有人借此反对。

皇帝也心知肚明，所以米芾终生只能东游西荡，做些无足轻重的小官。他生来就是个艺术家的命，为官从政实在乏善可陈。甚至因为爱好书画、奇石等原因，懒政怠政。所以，米芾只好把尊严和自信心建立在最有把握的书法之上，且狂且癫。反正在书法成就上，大家是心服口服的。

晚年时，米芾被宋徽宗任命为书学博士、画学博士，一时间风光无人能比。他不无得意地写道："天使残年司笔研，圣知小学是家风。"意思是，我老了还能专管书画之事，皇上知道我的确是擅长书法这种雕虫小技呀。言外之意：别再说什么书法是末技啦，没看见皇上都这么赞赏吗？甚至还专门炫耀："图书满室翰墨香，刘薛何时眼中见。"你看我在皇家书院里，满眼都是珍品古本，你们什么时候见过啊？

不得不说，书法上的成就，给了米芾很大的心理安慰，让他那颗于仕途中沉浮的心渐渐找到了平衡。至于那些狂癫，就当是文人风致吧。不过，恰恰因为米芾狂癫，他才能取得越来越大的成就,终至名垂千古。

03
照耀万古

米芾一生狂癫,游离于世俗之外,一心只在书法之中。他说:"要之皆一戏,不当问拙工。意足我自足,放笔一戏空。"他已经完全把书法当作了心灵的游戏——我手写我心。正因为如此,他从学习唐朝书法,转而鄙视唐朝书法,进而学习晋朝书法,又从晋朝书法中突围而出,成就了独特的自己。

元祐三年(1088年)农历九月,米芾接到时任湖州刺史林希的邀约,请他在一幅蜀素上写字。素,是一种丝织品,因尚未染色,所以称为素。所谓蜀素,即四川的素色丝绢。

这幅丝绢并不是寻常之物。原来丝绢刚织成时,其中尚有蚕丝胶质和断裂的细小纤维,所以不太利于书写。但林希的这幅绢已经放了很多年,光洁细腻,是上好的书法材料。林希早就把它装裱成了长卷,只待有名的书法家题字其上。

当米芾看到如此精致的丝绢时,激动不已。于是,他挥毫写下了八首自己作过的诗,成就了中华书法史上精彩绝艳的作品——《蜀素帖》。此帖的书法风格既沉着又痛快,于中正平和之中,时见险峭奇拔。

明代书画大师董其昌评论说："此卷如狮子捉象，全力赴之。"大象是陆地上最大的动物，如果单打独斗，是完全可以碾压狮子的。一般来说，就算是狮群围捉大象，也必然是拼尽全力，使出浑身解数的。而董其昌说《蜀素帖》如"狮子捉象"，足见米芾笔力雄健、笔锋多变。

多变的笔锋，恰恰是米芾区别于其他书法家的重要特征之一。米芾自己就说过，善书者只有一笔，而我却有四面。有的时候，他也说自己是"八面出锋"。总的说来，米芾用笔有顺、有逆、有藏，灵活多变，笔笔皆妙。

同一个字，同一个笔画，可以有十几种写法。一个横，可以方硬，也可以浑圆。一个撇，可以凌厉，也可以飘逸。一个捺，可以沉稳，也可以轻巧。

米芾在《蜀素帖》中纵横驰骋，将自己对书法的那份热爱与自信，挥洒得淋漓尽致。或许只有一个狂且癫的人，才能全凭心意，在纵横的笔势之中，写出万千豪气。《蜀素帖》之后，米芾的书法渐臻化境，达到了旁人难以企及的高度。

米芾的一辈子所做所为时显怪异，并为后世留下了诸多笑话。无为州有一块大石头，形状奇丑，米芾见后却大为喜欢，说："这块石头完全可以受我一拜。"于是对着石头开始叩拜，并念念有词地喊石头大哥。人这一生，幼时天真率性容易，成年时则不免随波逐流。然而，若想事业长久，内心一定要有一份天真的热爱。只要不伤害别人，率性一点又何妨？

赵孟頫：书画全能，却身份尴尬

　　至元二十三年，行台侍御史程钜夫奉诏搜访遗逸于江南，得孟頫，以之入见。孟頫才气英迈，神采焕发，如神仙中人，世祖顾之喜，使坐右丞叶李上。或言孟頫宋宗室子，不宜使近左右，帝不听。时方立尚书省，命孟頫草诏颁天下，帝览之，喜曰："得朕心之所欲言者矣。"

——《元史·赵孟頫传》

　　若问史上处境两难的书画家有谁，赵孟頫要算一个。身为宋皇室后裔，却在灭了南宋的元朝做官；深得皇帝信任，却始终被元朝贵族歧视；有心济世，却被世人唾骂；隐世不出，又被朝廷不许。

01
舍不掉的身份

赵孟頫是宋太祖之子秦王赵德芳的后代，正宗的皇室后裔。他在众兄弟中排行第七，从小读书过目成诵，为文操笔立就，年仅五岁，写的字就可以拿来卖钱了。

如果是和平年代，赵孟頫的前途当是一片光明。可惜时运不济，赵孟頫二十二岁那年，元军攻入临安。1279年，南宋灭亡。作为皇族后裔，赵孟頫的选择与南宋众多遗老一样，隐于家乡，致力于学。

不怕别人聪明，就怕比你聪明的人比你更努力，赵孟頫恰恰就是那个既聪明又努力的人。很快，他就从同辈人中脱颖而出，位列"吴兴八俊"之首，声名上达朝廷。

形式上统一了中原的忽必烈知道，在精神上，汉人们并不承认他的统治。于是，在元大军进入临安的同时，忽必烈就发出"行台江南，且求遗逸"的命令，希望以笼络士人遗老，来获取大家的认同。声名在外的赵孟頫就这样走进了元朝统治者的视线。

吏部尚书夹谷之奇推荐他出仕，作为前朝遗老、皇族后裔的赵孟頫拒绝了；道士杜道坚推荐他出仕，赵孟頫又拒绝了。

可是，有时候人的命运，不是你想怎样就怎样。在赵孟頫三十二岁那年，忽必烈再次命程钜夫到江南"搜访遗逸"，而赵孟頫则是"搜访"的首选人物。本来，作为前朝遗老，到新朝任职，就已经让人看不起了，何况赵孟頫作为皇族后裔，如果就仕新朝，就更令人不齿。更令遗老们难以接受的是，这个统治者，还是被当时汉人称为"胡"的蒙古人。

可是，这次容不得赵孟頫拒绝，程钜夫此次来江南，名义上是"搜访"，其实更多的是"搜"和"捉拿"。就这样，皇族后裔、亡国之臣赵孟頫被迫北上。

在北上途中，他应外甥张景亮之求，用行书和草书各写了一本《千字文》，在《千字文》的《跋》中，连他自己也说道："趣迎上道，不能作楷，乃为书行草二本。"可见，赵孟頫北上赶路途中的身不由己。可惜，只有草书《千字文》留存下来，现藏于上海博物馆。

02
融不进的朝堂

到了大都，忽必烈一见赵孟頫，惊为神仙中人，十分喜欢，甚至让他坐在右丞叶李的上方。至元二十四年六月，忽必烈授他兵部郎中、奉训大夫，主管驿站事务。赵孟頫虽然深受忽必烈的喜欢，但因身份问题，又时常处于两难境地。

忽必烈曾问他："你认为右丞叶李和尚书留梦炎，谁优谁劣？"这是皇帝给他出的两难题目，幸好赵孟頫脑子转得够快。留梦炎是赵孟頫父亲的朋友，不好评价，只说他诚实厚道，善断国事，有大臣之器。

忽必烈不放过，说："你认为留梦炎贤于叶李，我却不这样认为。当初贾似道向我们乞和，却对朝廷谎称大胜，欺上瞒下，留梦炎明明知道这件事，却不反对。叶李只是个太学生，却敢于上书反对贾似道。"

忽必烈接着说："你不敢说留梦炎的不是，那你就写首诗讥讽一下他。"也许是早就看透南宋的无能，也许是儒家济世思想的影响，想在元朝有一番作为，抑或南宋已亡多年，复国无望。总之，赵孟頫写下了一首表达忠诚的诗："状元曾受宋家恩，国困臣强不尽言；往事已非那可说，且将忠直报皇元。"忽必烈看后大悦，更加喜欢赵孟頫。

一次，赵孟頫骑马上朝，经过宫墙和护城河间的一条小路，不小心掉入了河中，忽必烈知道后，立即下令将宫墙后移两丈，加宽小路。但是，忽必烈的喜欢，并不能改变他"南人"的身份，更不能改变蒙古贵族对他的歧视和排挤。赵孟頫家里穷，忽必烈想给他赐钱五百锭，都要担心中书以"过用不足"不肯给，最终还是从自己的私库中拿钱。

到了元仁宗朝时，还有人经常离间他和仁宗的关系，每当仁宗要重用赵孟頫的时候，就有人跳出来反对："根据国史记载，朝政上的事情，不应该让赵孟頫听到。"在这样的夹缝中，赵孟频的工作有多难开展也显而易见了,也难怪他一直要求外放。他在《致季宗元信札卷》中说:"我实在是不堪忍受这样的苦恼啊,感觉长久地留在这里,实在不是个事儿。"

终于,在他三十八岁那年,得以如愿,任同知济南路总管府事,出守济南。即使外放济南,蒙古官员对他的排挤也从未减少过,他自己也渐渐萌生了隐退之心。两年后,赵孟頫奉诏进京,不久又以病辞职回湖州,此后,他非朝廷诏令不还。

03
回不去的故乡

辞官后,赵孟頫回到湖州居住,过着隐世生活。一次,在与几位友人喝酒谈诗中,说起名山大川,赵孟頫说到了济南的山水之盛,友人周密自南渡后,一直未回祖籍济南,十分想念家乡,于是请求赵孟頫作画,以解乡愁。于是,就有了这幅充满秋意趣味的《鹊华秋色图》。

《鹊华秋色图》是探索赵孟頫恢复晋唐画风、重塑士人风骨的公认标杆。画作结构精谨、用笔潇洒,山水微茫,古淡而有真味,整幅画在山水间的秋意中,透出浓浓的怀乡之情。这幅画,也被看作是向南宋遗老表白内心的一幅画作。

在1296年画的《人骑图卷》中,他甚至用水晶宫道人自称,以示隐世之心。但作为元朝笼络江南士人的首要人物，统治者怎么可能让赵孟頫说不出仕就不出仕呢？

在朝廷多次诏令后，1299年，四十五岁的他接受朝廷给予他的集贤直学士、行江浙等处儒学提举职务，驻杭州。可是，应诏出仕后，赵孟頫又被时人讥议，被亲人鄙夷。

他去看望兄长赵孟坚，兄长拒不开门，得以进去后，还未坐定，兄长便讥讽："吴兴山水大好，你有什么颜面来对待这大好河山？"甚至当着赵孟頫的面，赵孟坚命人将赵孟頫坐过的椅子洗刷一遍。

融不进的朝堂，回不去的故乡。已经料想到自己身后事的赵孟頫，将自己所有的精神寄托都放在了艺术上。赵孟頫渐渐从艺术中找到了宁静，获得了暂时的解脱。

赵孟頫于1302年所作的《水村图》，让人看到了他静穆的心态和对"平淡天真"的追求。晚年，他甚至用古文、篆书、隶书、章草、楷书、今草六种书体，各写了一卷《千字文》，创造了前无古人的纪录。

若问史上全能书画家有谁，赵孟頫定当算一个。他在书法上，篆、籀、分、隶、真、行、草书，无不冠绝古今；在绘画上，他开创了元代画风，为元初画坛宗主，其画山水、木石、花竹、人马，尤精致，他画的花鸟，成为后人的范本；他能诗善文，诗文精邃奇逸，读之使人有飘飘出尘之想；他通音律，著有《琴原》《乐原》，得律吕不传之妙；他善篆刻金石，著有《印史》;他精鉴赏,鉴定古器物、名书画,望而知之,百不失一;他甚至还懂经济……可惜,他生不逢时,注定要尴尬地度过一生,幸好,还有书画让他聊以自慰。

汤显祖：东方莎士比亚

> 少善属文，有时名。张居正欲其子及第，罗海内名士以张之。闻显祖及沈懋学名，命诸子延致。显祖谢弗往，懋学遂与居正子嗣修偕及第。显祖至万历十一年始成进士。……帝怒，谪徐闻典史。稍迁遂昌知县。二十六年，上计京师，投劾归。又明年大计，主者议黜之。李维祯为监司，力争不得，竟夺官。家居二十年卒。显祖意气慷慨，善李化龙、李三才、梅国桢。后皆通显有建竖，而显祖蹭蹬穷老。
>
> ——《明史·汤显祖传》

说起爱情，总有人会想起那句"情不知所起，一往而深"，可少有人会提及下句"生者可以死，死亦可生"。

其实这两句话出自一部戏剧作品的题记。拆分来品读，说的是情至极致的美好；连起来理解，则是在勾勒一个感人的故事。

根据这个故事创作而成的戏曲，名为《牡丹亭》。作者正是有"东方莎士比亚"之称的明代剧作家——汤显祖。

01
人间情、利禄名，都如梦

汤显祖一生中最得意的事情，就是会"做梦"。一梦《牡丹亭》、二梦《紫钗记》，说的是爱情；三梦《邯郸记》，四梦《南柯记》，讲的是功名。凭着"临川四梦"这四大剧本，汤显祖载誉史册。可若说哪一梦最好，还是当属《牡丹亭》。

明代戏曲评论家沈德符在《顾曲杂言》中谈道："《牡丹亭梦》一出，家传户诵，几令《西厢》减价。"就连汤显祖自己也曾说："一生四梦，得意处唯在《牡丹》。"

那么《牡丹亭》到底好在哪里呢？

之于普通观众，大多被爱情感动；之于知识分子，则沉醉于精妙的艺术表现；之于思想大家，又能看到反封建束缚的高远立意；而之于汤显祖自己，大概是终于放下的轻松，以及找到了理想天地的欣喜。

其实，爱情虽然是《牡丹亭》的主题，但它更像是汤显祖用来表达自己理想的工具。毕竟，汤显祖辞官后埋头创作，完成《牡丹亭》时已经年近五十。年纪大了，也看透了世态炎凉，可是心中的热血还未冷。因此，汤显祖戏剧中的爱情都是唯美的，而爱情中升华出的精神与品质立意极高，使得他的作品世界闻名。

于是，《牡丹亭》的男主角柳梦梅，虽然也是书生，可是并不文弱，也很专情。柳梦梅正义、勇敢、不畏强暴，他不仅冒死开了杜丽娘的棺，还敢在金銮殿上嘲笑岳父杜宝。而杜宝本身也是个矛盾的集合体。他既是一个完美的官员，又是一个失败的家长。一方面，通过赞颂杜宝的文治武功，汤显祖满足了自己对一个好官的所有幻想。另一方面，杜宝即便再爱女儿杜丽娘，可就因为女儿违反了封建礼制，又逼她去死。这是汤显祖在表达对落后道德观念的批判。

那么杜丽娘又是一个什么样的形象呢？汤显祖在《题词》中说："如杜丽娘者，乃可谓之有情人耳。"正是因为诸多有血有肉的戏中人物，让《牡丹亭》除爱情以外，还表达了更多深刻的含义：有对青年热血的认可，对清廉好官的期盼，对封建礼教的批判，也有对弱女子情深义重的赞美。这就是汤显祖对人间极致的幻想，可也只有在戏剧的世界里才能实现。

也许，汤显祖对现实有多失望，他的作品就有多快意。只叹无论结局多么完美，终究只是一场梦。

02
以笔为剑，行侠仗义

其实汤显祖一开始对功名是很有兴趣的，毕竟他生于书香门第，祖上数代都素有文名，自幼师从名师，饱受儒家入世思想熏陶，希望能为国效力。

在起跑线上已经领先一步不说，汤显祖自身的实力也很能打。他十二岁能作诗，二十一岁中举人，才学远超同侪。可以说，只要没什么意外，凭汤显祖的才能一定可以出人头地。

据说，张居正想拉拢他，许以功名利禄，只求汤显祖能配合演戏，好让张居正安排几个儿子考中进士。但汤显祖自有一股傲气，不愿向官场上这股歪风邪气低头。于是，他被权臣嫉恨、算计，数次在科考中折戟。

即便如此，汤显祖也从未屈服。就这么熬到了三十三岁，他才以很低的名次艰难考取进士，在清水衙门中当了一个小官。不过对汤显祖来说，官位高低与品格优劣画不上等号。

既然读了圣贤书，就得干点刚正的事。在万历十九年，汤显祖递上了轰动一时的《论辅臣科臣疏》。这让他早在创作"临川四梦"之前，就闻名于天下。可以说，汤显祖之所以会在《明史》里占有一席之地，跟这篇疏文有很大关系。在《明史·汤显祖传》中，仅这篇疏文就占了一半篇幅。徐朔方在《汤显祖年谱》中，更是赞誉他"给万历朝的统治者做了一个清算"。

《论辅臣科臣疏》读来节奏明快、气势如虹，指名道姓地大骂了不少贪腐的大臣。就连当朝的万历皇帝，也难逃数落。汤显祖把他这份不畏强权的硬气，写进了《紫钗记》中。

《紫钗记》虽然主要写李益与小玉之间坚贞纯洁的爱情，但汤显祖不忘鞭笞封建王朝奸臣当道、只手遮天的黑暗政治。李益赶考之前，嘱咐小玉对老友多多照拂，小玉便救济崔允明三年之久。崔允明虽然落魄穷酸，但既有感恩之心，又有正直刚烈的性格。所以，他为官之后能将生死置之度外，无所避忌地痛斥卢太尉拆散李益与小玉的恶行。

这种不计生死，只为伸张正义，务求涤荡官场浊气的行为，称得上"行侠仗义"。汤显祖写下的这一段戏中情节，恰如自己当年在官场上仗义"立言"的情景再现。

现实中，汤显祖以一篇《论辅臣科臣疏》扳倒了多个位高权重的奸臣。戏文中，崔允明以一番怒斥并施以援手，助有情人终成眷属。以此来看，汤显祖的这篇《紫钗记》，也是为了呼吁世人：莫忘书生的骨气。

03

洒脱归乡，不屑名利

汤显祖出仕十来年，终于还是腻味了尔虞我诈的官场。他像陶渊明一样，回家隐居，专心搞创作。可是汤显祖的这种洒脱并不是人人都能理解。

汤显祖一个叫吴序的朋友，就对他的境遇表达了忧虑，还诚恳地劝诫了一番。然而人各有志，有人一生都在追求功名利禄，有人却觉得青松明月才最难得。于是，汤显祖写下了著名短诗

《游黄山白岳不果》。在诗序中他说：朋友吴序看我过得落魄，劝我去游黄山和白岳，但是这事没成。文采飞扬如汤显祖，竟然在诗文中毫不隐讳地用上了"金银""黄白"这样的字眼。

《抱朴子内篇》卷十六题目就叫《黄白》，文中清晰地把"黄白"比作财富。现代学者对这首诗的解读，也都认为，汤显祖就是要从一开始就揭露"铜臭之气"。然后陡然一转，以那句流传至今的名句——"一生痴绝处，无梦到徽州"来言明：自己实在不想沾染那些铜臭味，所以一辈子也不会去。

不屑与追名逐利之人为伍，正是汤显祖高洁的品格。可这样淡泊名利的理念，与当时的大环境格格不入。汤显祖没法过上理想的生活，只能把心中所想寄情于戏剧。他"临川四梦"中满是玄幻气息的《邯郸记》，把他对名利的态度表达得最是鲜明。

戏中说，吕洞宾发现有个叫卢生的人很有仙缘，准备去度他。可是见了这个卢生，吕洞宾却发现他尘心未了，就施法让他做了一场大梦。卢生在梦中婚姻和美，高中状元，出将入相，经历坎坷之后，最终位极人臣。

然而任你位高权重、富可敌国，也免不了一死。卢生在梦中寿终之时，也是在现实里醒来之时，他这才从吕洞宾处得知：妻儿、名利都是一场大梦，而那入睡前煮的黄粱米饭都还没有熟呢。经此一梦，卢生醒悟到自己追求的功名利禄不过都是一场大梦，就随吕洞宾入了仙门。

《邯郸记》的情节并不复杂，却充分融入了汤显祖的理念。

他自己曾这么评价"临川四梦":"因情成梦,因梦成戏。"情在《邯郸记》中的归属,就在于人生态度。

以《中国文学史》为代表的一众研究资料认为,汤显祖用"仙"做主题,是在表达对现实社会的不满和否定。也就是说,只有仙家的世界,才是理想国。在这样的主基调下,卢生梦中那跌宕起伏的人生、轰轰烈烈的事业,都显得虚幻又可笑。既然世界都毫无意义,人们的追求也没有意义,那么,与这些人一起争名逐利,又是为何呢?

这样的质问和呐喊,正是《邯郸记》的主旨,也是汤显祖的人生理念。可是世人皆醉,汤显祖也只有独善其身,方才能不染淤泥。汤显祖带着才华而来,留下佳作而去。他与命运、宵小斗争了大半生,也唯有在晚年时期过上了真正想要的生活。

可以说,时代对他充满了恶意,却也以另一种方式成就了他。屡遭算计、仕途坎坷,最终归隐家乡的汤显祖,肯定也曾不甘、愤懑。可当他建立了自己的理想国,在文学的世界里自在遨游时,内心充满了平和。

不过,就像他那充满了戏剧性的"临川四梦",谁又能说清,人生如梦,还是戏如人生呢?

第五章 诗词背后

《离骚》：路曼曼其修远

> 屈平疾王听之不聪也，谗谄之蔽明也，邪曲之害公也，方正之不容也，故忧愁幽思而作《离骚》。离骚者，犹离忧也。夫天者，人之始也；父母者，人之本也。人穷则反本，故劳苦倦极，未尝不呼天也；疾痛惨怛，未尝不呼父母也。屈平正道直行，竭忠尽智以事其君，谗人间之，可谓穷矣。信而见疑，忠而被谤，能无怨乎？屈平之作《离骚》，盖自怨生也。
>
> ——《史记·屈原贾生列传》

有那么一位伟人，他的卓越风姿在中国五千年的历史中始终熠熠生辉。他被传颂至今是因为他热爱自己的国家，并为之不惧生死。

是的，这个人就是屈原。他的长篇代表作《离骚》，更是对后世文学产生了深远影响。

歌德说："在艺术和诗里，人格确实就是一切。"诗歌不仅是文人才华的体现，也是其人格魅力的彰显。

在中国浩如烟海的诗词歌赋中，这首长诗开辟了中国文学浪

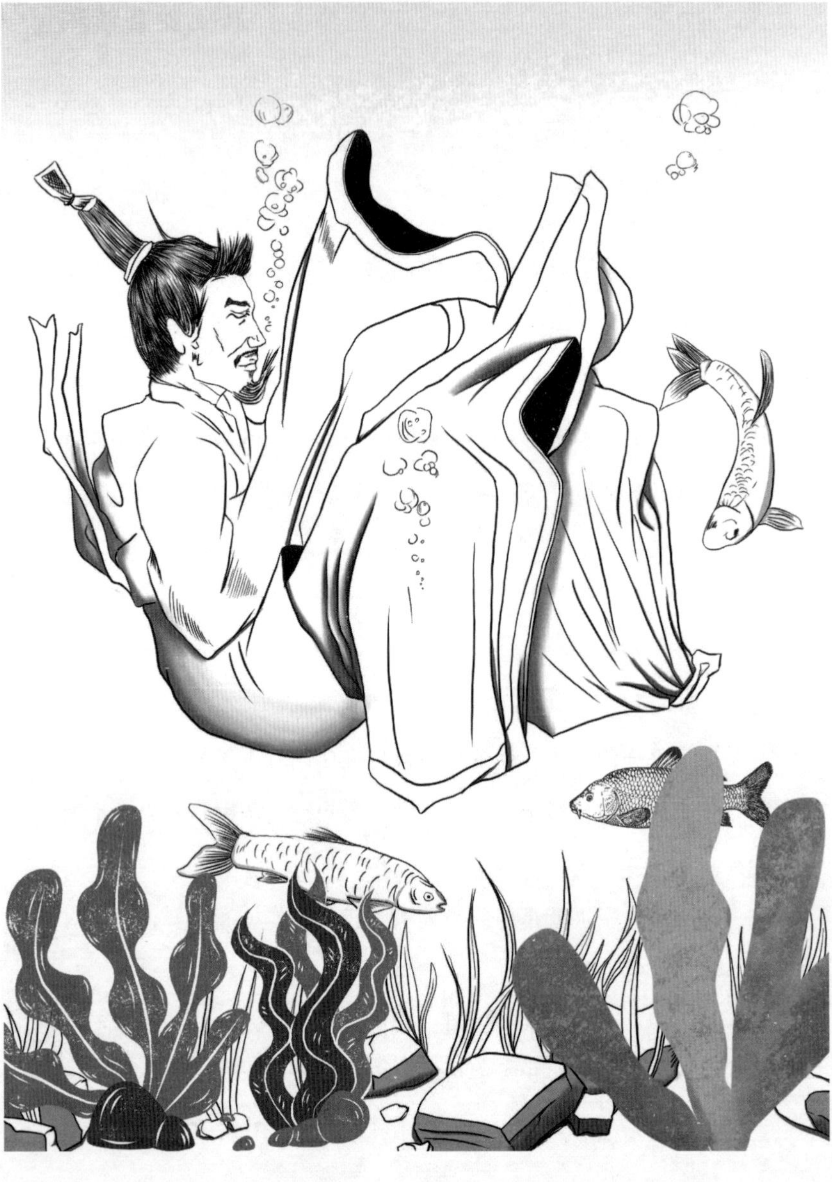

漫主义的源头，它以其独有的家国情怀与高贵精神，为我们展示了"何为民族之魂"，它是整本《楚辞》的"灵魂之作"。

"路曼曼其修远兮，吾将上下而求索。"往事越千年，时过境迁，吾辈犹唱《离骚》。

《离骚》之所以被传唱至今，不仅是因为它的文学价值，更在于其作者屈原那厚重之情怀，纯粹之精神。难怪鲁迅先生会盛赞其"逸响伟辞，卓绝一世"。

01
何处招魂，香草还当三户地

尼采曾说："无法实现自己理想的人，比没有理想的人过得更没有意义。"虽然我们不能否定追逐梦想所付出的努力，但梦想最终无法实现，实在是人生中的一大憾事。几千年来，想必没有谁，对这一点的感受比屈原更深了。

屈原是一个根正苗红的官二代，但他却与那些浑浑噩噩的贵族公子不一样，他有着自己的追求，也明白自己的责任。他博闻强识，明于治乱，娴于辞令，是当时闻名遐迩的大才子；他"长太息以掩涕兮，哀民生之多艰"，是一位心怀天下的志士仁人。

高贵的出身，卓绝的才华，凌云的抱负，让屈原的身上始终散发着一股"潇洒而圣洁"的气息。只见他头戴"切云高冠"，身穿宽袍大袖，腰悬长剑，身佩玉琳琅，远远观之，宛若神仙中人。

"扈江离与辟芷兮，纫秋兰以为佩。"由于屈原品性高洁、卓然不群，所以他也常常以各种香草美人为喻，既表明自己高洁的志向，也希望国家政治清明。

品学兼优的屈原很快便受到楚怀王的信任，继而担任左徒一职。对内"与王图议国事，以出号令"，对外"接遇宾客，应对诸侯"。屈原也因此成了一位"内变法，外纵横"的风云人物。步入仕途，是他人生的开端，却也是一切不幸的起始。

纵横家苏秦曾言："纵合则楚王，横成则秦帝。"屈原自然是希望楚国能够做出一番大事业的，所以刚刚上任不久，他就马不停蹄地出使齐国，并成功实现了齐楚两国的友好往来。为了对付强秦，屈原又联合魏、赵、韩、燕四国出兵攻秦，使秦国一时间不敢有所行动。

屈原对外为楚国创造了一个和平发展的环境，对内则一心想追求开明公正的"美政"。在战国时期，各国纷纷变法图强，秦国的商鞅变法已经取得显著成效。屈原意识到，楚国要想变得强大，也需要走变法这条路。于是，在楚怀王的支持下，屈原在楚国开始了他的"变法图强运动"。

屈原的变法，获得了老百姓的支持，使楚国一度出现了国富兵强、威震诸侯的局面。然而，但凡变法，必然会触动某些人的既得利益，屈原的变法正是触动了楚国贵族集团的利益。因此，他遭到了大夫靳尚等人的百般阻挠。

"众女嫉余之蛾眉兮，谣诼谓余以善淫。"靳尚趁屈原为楚怀王拟订宪令之时，在怀王面前诬陷屈原，楚怀王不辨是非，信以为真，于是"怒而疏屈原"。就这样，随着屈原的失势，楚国的变法草草收场了。

02
当年呵壁，湘流应识九歌心

正所谓"国家不幸诗家幸"，楚国虽然日渐没落，但以《离骚》为代表的《楚辞》却方兴未艾。

屈原贬官后，被流放到汉北地区。闲来无事的屈原，便寄情于香草，这香草之于屈原，是他自己，也是他的梦想。

然而，香草总会凋零，梦想也会破灭，求而不得的折磨，伴随了屈原大半生。虽然他远离朝堂，身处江湖之远，但他无时无刻不在担忧着楚国的未来。尽管君王不爱，百官不理，屈原仍甘愿将自己的真心奉献给国家，虽九死其犹未悔。

《离骚》中流露的不是悲哀而是悲壮，屈原心中有一份强大的使命感，即便是遭遇种种令人窒息的打压，他仍是"明知不可为而为之"。

没有了屈原的楚国，渐渐陷入泥沼之中，变法停滞，贪腐横行，就连身为一国之君的楚怀王，也被张仪忽悠得团团转，最后丧地辱国、客死他乡。

楚国的每一次失利，于屈原而言，就如同利刃钻心。于是，他在流放结束后，风尘仆仆地回到了国都。当时，秦昭襄王正约楚怀王在武关会面，商议结盟之事。屈原深知秦国居心叵测，便力劝怀王不要赴会，他说道："秦，虎狼之国，不可信，不如无行。"

可楚怀王的幼子子兰怕因此失去秦王欢心，竭力怂恿楚怀王前去赴会。最后，楚怀王往赴秦约，被秦国扣押，至死也没能回到故国。

楚怀王的遭遇，让屈原内心遭到了前所未有的打击，他也第一次对自己的努力产生了怀疑，难道自己所做的一切都是徒劳吗？屈原在《离骚》中借女媭之口说："众不可户说兮，孰云察余之中情？世并举而好朋兮，夫何茕独而不予听？"

他也懂得明哲保身、随波逐流的安身之道，但他始终放心不下自己的国家。他自问自答，喊出了穿透时代的最强音："路曼曼其修远兮，吾将上下而求索。"

正如司马迁对屈原的评价："其志洁，故其称物芳。其行廉，故死而不容。自疏濯淖污泥之中，蝉蜕于浊秽，以浮游尘埃之外……推此志也，虽与日月争光可也。"

03
《离骚》寿世，三闾遗恨泣秋风

屈原因爱国而生，亦因爱国而终。他有富国兴邦的理想、治国理乱的才能，也曾经试图通过变法改革使楚国走向富强。但这一切都抵不过小人之谗言、君王之昏聩，改革被反对，尽忠被谗害，屈原终究是无力回天。

楚怀王已死，屈原怨恨子兰"害死"楚怀王，便总在朝堂之上和这些权贵针锋相对。因此，这些楚国权贵在子兰的领导下诬陷屈原，使其成了众矢之的。

当时的楚顷襄王顶不住众贵族对屈原连珠炮一般的攻势，便只好下令免去了他三闾大夫之职。于是，屈原开始了他的第二次流放生涯，而这一次流放长达十八年。屈原也从一个风度翩翩的国士，变成了孤苦无依的老朽。

他从郢都出发，先到鄂渚，再入洞庭，幻想着驱使神灵、驾驭龙凤、远走高飞，离开这浑浊不堪、纷纷扰扰的世界。但当他见到自己所挚爱的山河时，他停下了脚步，他多么希望自己能够一直守护这一方热土。

这一天，屈原来到了玉笥山，山上风景优美，屈原自是感慨万千。心中有赤诚，笔下为千端。屈原心中的情绪喷薄而出，一念之发，顿成千古之绝唱，《离骚》一出，山河为之低昂。

传说屈原边行边歌，希望借此聊慰心中之悲。正吟诵间，只听得一缕缕幽咽的哭泣声自前方传来。屈原上前一看，果真有几个人正趴在荒野的坟堆上哭泣！

屈原问他们："父老乡亲们，家住哪里？姓甚名谁？"

那群痛哭的人连忙抬起头来，答道："您就是三闾大夫吧？唉，我们这些人早就离开阳世啦！"

"哦？"屈原一惊，接着问道，"难道你们都是阴间的鬼吗？"

"是啊，三闾大夫！我们都是阴间的人了。"

"那么，你们是含冤而死的吗？如果有冤的话，只管对我诉说，我去替你们申冤。"

"不是的，三闾大夫！我们是听见您在吟唱《离骚》，您那颗爱国的心把我们感动了！想想我们自己，真枉做了一辈子人，所以就不由得哭了起来。"

"啊，原来是这么回事呀！"屈原感慨地说，"败坏楚国的并不是你们，但愿你们的子子孙孙，都能热爱自己的国家吧。"屈原说罢，那群自称为"阴间之人"的山鬼便消失无踪了。

这段传说虽然充满了小说意味，但也直白地表达了"一卷《离骚》山鬼哭"的艺术感染力。

前278年，秦将白起一举攻下了楚国国都郢都，楚国虽未亡国，却也是行将就木了。屈原为楚国耗尽一生心血，然而上天却残忍地让他目睹了"国都被破"的悲剧。一生报国，却国破家亡。这世间还有什么事情，要比这更糟糕呢？

汨罗江畔，我心实悲，前尘往事，涌上心头，此情悠悠，唯有付诸东流。在极度苦闷、完全绝望的境遇下，屈原纵身一跃，了此万缘。此后，白云苍苍，江水悠悠，此情此心，留与后人愁！

一条浩荡的长河，有它最早的源头；一株苍郁的大树，有它最深的根系。屈原是浪漫的源头，也是国士的根本。

正如李白所说："屈平辞赋悬日月。"动天地，泣鬼神，悬日月，昭后世，屈原在黑暗中摸索一生，只为寻找一丝光明。而他的"求索"，却在不经意间，光照千秋万世。

《凤求凰》：一日不见，思之如狂

酒酣，临邛令前奏琴曰："窃闻长卿好之，愿以自娱。"相如辞谢，为鼓一再行。是时，卓王孙有女文君新寡，好音，故相如缪与令相重而以琴心挑之。相如时从车骑，雍容闲雅，甚都。及饮卓氏弄琴，文君窃从户窥，心说而好之，恐不得当也。既罢，相如乃令侍人重赐文君侍者通殷勤。文君夜亡奔相如，相如与驰归成都。

——《汉书·司马相如传》

时光倒流千年，停在汉朝，停在司马相如和卓文君爱情的最初。那时候的他，还不是誉满天下的文人；那时候的她，年轻丧夫，生活平静得像一口深井，幽幽死寂。一曲《凤求凰》，他以琴音传递爱慕，她在门外被撩动心弦。月夜私奔，他们的爱情成就了一段传奇。

古往今来，我们运用了很多优美壮丽的意象来形容沉浸在爱情中的人。有比翼双飞的浪漫，有"山无陵、天地合"的决绝，仿佛在忠贞不渝的爱情面前，一切的隔阂都不堪一击。无论阶级还是财富，无论礼教还是成见，都无法抵挡那股来自灵魂深处的力量。

但抛开文学世界的创造，我们酸楚的双目依然会看到一幕幕生离死别，一桩桩天不遂人愿。很多两情相悦的眷侣，却在门第和成见的束缚中被迫分离。在历朝历代的现实语境中，守护爱情本身就是一种奢侈，甚至连表达爱情都需要凝聚足够的勇气。正因为如此，勇敢表达，大胆追求的爱情才显得弥足珍贵。

> 有一美人兮，见之不忘。
> 一日不见兮，思之如狂。
> 凤飞翱翔兮，四海求凰。
> 无奈佳人兮，不在东墙。
> 将琴代语兮，聊写衷肠。
> 何时见许兮，慰我彷徨。
> 愿言配德兮，携手相将。
> 不得于飞兮，使我沦亡。

司马相如一曲《凤求凰》，就让卓文君心神荡漾，甚至不顾千金小姐的名分，毅然跟随他浪迹天涯，这是怎样的一种魔力和魅力呢？

01
情深意动凤求凰

　　司马相如,字长卿,原名犬子,四川成都人。后来因为仰慕战国名相蔺相如,特地改名为司马相如。从志趣上看,司马相如是一个有着远大理想的人,那么他的才华是否能匹配他的理想呢?别的不说,单是一曲《子虚赋》,就让汉武帝看得拍案叫绝。

　　他的赋作,辞藻华丽,气魄宏大,让同时代的无数文人黯然失色,以至于鲁迅先生都说:"武帝时文人,赋莫若司马相如,文莫若司马迁。"能跟写下"无韵之离骚"的司马迁相提并论,可见他的才华有多么耀眼。有这般拔群出萃的文才在身,想必他的人生也是一路平步青云吧?

　　他早年在梁孝王刘武手下当门客时,日子的确过得有声有色。可当梁孝王去世后,当朝统治者汉景帝却不怎么喜欢司马相如笔下那种"清静无为"的道家思想,于是司马相如只能返回老家成都,开始变得郁郁寡欢。

　　回到成都后,司马相如的日子过得非常拮据,一度连生活基本所需都满足不了。就在这一时期,临邛县令王吉邀请他到府上做客,把他当上宾一般供养起来。尽管好朋友王吉的做法让他有所感动,可司马相如还是放不下文人名士的架子,时常谢绝王吉登门拜访的请求,这也给了当地人一个信号:想见司马相如一面，难于上青天。

谁知山不转水转，突然某一天，临邛首富卓王孙家里大宴宾客，便把王吉和司马相如一道请了过来。觥筹交错间，王吉趁着酒兴，把一张琴放到司马相如面前："长卿，早听说你琴艺高超，今日就给大家弹奏一曲如何？"对于这个请求，司马相如毫无拒绝之意，十根指头放在琴上，一缕缕扣人心弦的声音便悠悠地荡漾开来，这便是《凤求凰》。

优美动听的旋律，撩拨着在场所有人的内心。但此时此刻，司马相如似乎并不在乎其他人怎么想，温柔细腻的指尖，绵延不绝地传递着一股浓郁的爱慕之情。而这股心照不宣的情意，让门缝后的一位女子暗暗定下誓言：今生非此人不嫁。

这个女子，便是名扬后世的卓文君。

02
比翼双飞离樊笼

卓文君何人？临邛首富卓王孙的女儿，中国古代四大才女之一。论相貌，她是远近闻名的美女；论才艺，她琴棋诗画样样精通……无论从哪个角度审视，她都活成了无数同时代女性梦寐以求的样子。

但就是这样一个才貌双全、家庭优越的女子，在真正的感情到来时，她完全没有端着掖着，只有情不自禁和义无反顾。

限于性别和身份的缘故，卓文君没法推开房门，直接去和司马相如情定终身。但这个男人的面庞和琴音，却永远地镌刻在二八少女的心房。

宴会结束后，司马相如也领会了卓文君的心意，于是便重金赏赐了她的使者。就这一个举动，让卓文君不顾千金小姐的身份，连夜离开卓家大院，直接前往司马相如的住处。当两人相见，四目交会时，卓文君更是坚定了自己的心意：和此人厮守终身，白头偕老。

司马相如一边搂着卓文君，一边却在心里犯嘀咕。因为他很清楚，自己除了英俊的脸庞和满腹才华，没法给予卓文君任何生活的保障。辞官还乡，没有固定收入来源，徒有名声却没有太多追随者，这些都是他挥之不去的现实苦恼。

更加重要的是，卓文君不是待字闺中的少女，她之前已经有过婚姻，只不过丈夫去世，她就成了寡妇。在汉朝的社会环境里，司马相如公开弹奏一曲《凤求凰》，有意无意地向一位有过婚姻的富家女子传情递意，这个做法本身也被很多人所诟病。

放到今天，我们可以说自由恋爱，真爱无罪。但在两千多年前，无论司马相如弹奏琴曲，还是卓文君连夜私奔，都会承受巨大的舆论风险。当卓文君跟随司马相如来到他的老家成都后，她的一切美好幻想都瞬间破灭。

03
柳暗花明逢新春

很多才子佳人、王子公主的故事,都在他们永结同心的刹那戛然而止,留给读者一个美好的幻想。为什么要这样?因为婚姻之后更多是柴米油盐酱醋茶,以及无休止的矛盾和争吵,这些都会影响人们对于浪漫爱情的憧憬。

可现实终究只能面对,无法逃避。看着家徒四壁的环境,卓文君丝毫不敢相信:远近闻名的大才子司马相如,居然过着这样一贫如洗的生活!像她这样养尊处优的大小姐,别说一日三餐这种基本需求了,就连走亲访友都是一大堆仆人跟着。现如今,她却要体验这种无法想象的穷困日子。

当得知女儿跟随司马相如私奔的消息后,卓王孙差点没被当场气死:"女儿这么不成体统,我也不想伤害她,但绝对不会给她一分钱!"

这种心情,其实完全可以理解。我好心好意邀请你到府上做客,你不仅用琴声勾引我家闺女,还让她直接跟着你跑了,我卓家还有何颜面去面对世人?而且就门当户对的观念来审视,卓文君完全就是"下嫁"给穷小子司马相如。她跟哪个富家子弟过日子都可以,为什么要跟你这样一个虚名无实的穷酸文人呢?

当然,卓文君并不在乎世俗的眼光,她既然认同了司马相如,就愿意去接受他的生活。可再轰轰烈烈的誓言,也架不住贫贱生活的日夜摧残。终于有一天，卓文君不再想过这种苦日子，便告诉司马相如："长卿，要不咱们一起回临邛吧，那里我兄弟很多，咱们随便找他们借点钱，也比现在的日子好得多啊。"

于是，两人就一起返回了临邛。回到老家后，卓文君找同族兄弟借了点钱，然后开了一个酒坊，和司马相如一起做起了生意。司马相如也干脆放下了文人墨客的架子，每天就穿一条犊鼻裤，跟着工人们一起酿酒吆喝。

眼见千金小姐这样艰难求生，卓王孙的很多朋友也看不过去了，纷纷劝告他："老卓啊，你家有儿有女，家底又厚实，没啥可担忧的。况且，文君已经跟司马相如好上了，他虽然贫困潦倒，好歹也是个可以依靠的人才，况且他还是县令王吉的上宾，你这样怠慢他恐怕不妥吧？"

卓王孙听了，确实也碍不住面子，干脆给了司马相如夫妇一百个仆人和一百万钱，并且补贴了她的嫁妆。有了父亲的资助，司马相如夫妇便安然返回成都，在那里买房置业。不久之后，司马相如得到汉武帝的赏识，被安排到皇帝身边做事。

这个转变，既是司马相如人生的转机，也是后世评价出现两极分化的开端。

04
长相厮守终不渝

相信大家都听过"愿得一心人,白头不相离"这句诗。短短十个字,让多少人即刻忘掉现实烦忧,沉溺于山盟海誓的美好。根据《西京杂记》记载:"司马相如将聘茂陵人女为妾,卓文君作《白头吟》以自绝。"而"愿得一心人,白头不相离",就出自这首《白头吟》。

相传,司马相如进京城当官后,不仅春风得意,同时也对一个茂陵女子产生了好感。于是,他便用书信试探文君对于自己纳妾的看法。文君是极度聪明敏锐的女子,一见书信,便知道丈夫已经沉溺于浮华喧嚣的生活,并且有了移情别恋的想法。但她并没有暴怒或者恐慌,而是洋洋洒洒地写下一首《白头吟》,不仅阐述了自己对于爱情的执着,同时也暗暗地讽刺了司马相如。

收到妻子的回复后,司马相如顿时无比汗颜,万般自责,同时回忆起和文君相处的点点滴滴,于是坚定了与她长相厮守的信念。

文君这个处理方式,是不是显得很有智慧呢?但很可惜,这样一个故事只是民间传闻,没有得到任何官方史料的佐证。甚至包括《白头吟》《怨郎诗》这些疑似文君的作品,其实都是后人假托其名创作的。

根据《史记》的记载,司马相如没有任何纳妾负心的故事。

或许他当初弹奏《凤求凰》的时候，的确是为了吸引文君的注意，但不能因为他有追求爱情的欲望，就把他渲染成负心薄幸、朝三暮四的吃软饭渣男。

而且，不管司马相如本质如何，他和文君敢于冲破礼教和门第的束缚，演绎一场轰轰烈烈的自由恋爱，这种勇气也足以令后世的人们心怀激荡。

对于司马相如，他敢于表达，敢于追求，尽管穷困潦倒，也不会望而却步。对于卓文君，她为了心之所向可以义无反顾，可以甘愿面对生活的考验，全然包容和接纳司马相如的现状，这本身也是至真至纯的爱情。

穿越两千多年的风尘，我们从司马相如和卓文君的故事里读出了一个真谛：真爱的检验标准只有一个，是否脸红心跳，是否愿意长相厮守。至于王权富贵，门第宗族，都让它们随风去吧！

《归园田居》：复得返自然

> 以亲老家贫，起为州祭酒，不堪吏职，少日自解归。州召主簿，不就，躬耕自资，遂抱羸疾。……在县，公田悉令种秫谷，曰："令吾常醉于酒足矣。"……其亲朋好事，或载酒肴而往，潜亦无所辞焉。每一醉，则大适融然。……尝言夏月虚闲，高卧北窗之下，清风飒至，自谓羲皇上人。性不解音，而畜素琴一张，弦徽不具，每朋酒之会，则抚而和之，曰："但识琴中趣，何劳弦上声！"
>
> ——《晋书·陶潜传》

都说中国人心中都有个田园梦，归隐自然，诗意地过着每一天。可这个梦是从哪里来的呢？这就不得不提到隐逸诗人之宗——东晋末年的陶渊明。

01
性本爱丘山

初夏时分,长风浩荡,柳枝婆娑起舞。一棵,两棵,三棵……共是五棵柳树。轻盈的燕子,迅捷地穿过柳枝,追着那风远去了。不一会儿,风儿又回来了,这次却柔和得多,撩起柳梢之后,悄悄地穿过柳树下的窗棂。

窗前的几案上放着一卷书,那风便悠悠吹起其中的一页。见此情景,几案前的男人不由得微笑起来。他正打算看书,既然风把这一页吹起,那就从这一页开始看吧。这个男人就是陶渊明,当时已是四十多岁。

之前他的人生并不是这个样子。至于到底有什么不同,要从他的童年说起……

陶渊明出生在江州浔阳郡柴桑县(今江西省九江市柴桑区一带)。这里富庶繁华,商贾云集;水源充分,农业发达。匡庐山巍巍而立,鄱阳湖烟波浩渺。

陶渊明的曾祖曾做过大官,家中有不少藏书。到陶渊明父亲时,他家已经没落。而且不幸的是,陶渊明八岁时父亲就去世了。所以陶渊明并非住在华屋广厦之中,而是住在一处叫作"园田居"的农家院子里。

草屋八九间,树木环绕,房前不远处有一方水塘。陶渊明生性沉默,喜欢读书,但并不是个枯坐书斋的书呆子。相反,他更喜欢户外。岩石间，溪水边，菜园里，柳树下……到处都有他的身影。

他读书的时候，也不是苦读，常常是不求甚解乱读一气。不过他会一遍又一遍地读，读得多了，渐渐便能看懂了。每次有突然看明白的地方，他都特别兴奋，然后无比期待地读下去，连饭也不想吃了。

读书之余，陶渊明学会了弹琴。琴声钬钬，流水一般围绕着那几间草屋。时光流转，红了樱桃，绿了芭蕉。陶渊明转眼长成了俊逸的青年，开始憧憬爱情了。他曾写过一篇《闲情赋》，共一百二十二句，其中的"十愿十悲"最为人称道。试看其中的两愿两悲：

> 愿在眉而为黛，随瞻视以闲扬；
> 悲脂粉之尚鲜，或取毁于华妆！
> ……
> 愿在木而为桐，作膝上之鸣琴；
> 悲乐极以哀来，终推我而辍音！

"我愿作她眉上的黛妆，随她顾盼而张扬。可悲只在初画时鲜亮，卸妆之时便踪影全藏！……我愿化身桐木做成古琴，安放在她的膝上。可悲她一旦惆怅，终将把我推到一旁！"真是情思缱绻，一咏三叹。

古典辞赋中的爱情多是人神相恋,美则美矣,但终归让人有隔膜之感。陶渊明却能大胆突破,直指尘世情缘,让人倍感亲切、自然和率真。然而,陶渊明的自然和率真却在现实生活中屡屡碰壁。

02
误落尘网中

陶渊明虽然诗书修养颇高,却不太愿意出仕做官,而是更喜欢自然状态下的生活。他没结婚之前,家中只有母亲和妹妹需要供养,平时做些农活、零活尚可支撑。但二十多岁时他结了婚,有了一个孩子。

不幸的是,不久后妻子去世了。他娶了一个继室,又添了三个孩子。一大家子七八口人,负担一下子重了起来,陶渊明不得不出仕。年近三十时,他做了江州府的祭酒,掌管兵戎、治安、户口、田租、祭祀、农桑、水利等众多部门,虽然事务繁杂,但薪水并不多。

因为那个时代做官要看出身门第,所以家道中落的陶渊明只能做这样的工作。他每天忙得晕头转向,什么读书、写诗、看风景,只得统统抛诸脑后。

作为一名小吏,若是办事不力,便会遭到上司的鞭打。若想办事伶俐，往往又不得不鞭打百姓，对他们催逼辱骂。天性自然的陶渊明深感官场对人性的扭曲，勉为其难地坚持了一段时间，赚了些薪水，便辞职了。

辞职后的他，虽然没有了稳定的薪水，但终于有时间静下心来读书、写诗、喝酒、陪孩子，看花开花落。其间他的上司邀请他去做主簿，他拒绝了。

这一晃就是六年。孩子们渐渐长大了，但不像陶渊明当年那么爱读书，也不太懂算术，成天只知道在山林之间找野果子吃。况且没有了固定的收入，孩子们的生活状况也时好时坏。

这年夏天，木槿绽开了第一朵粉紫色的大花。早上还鲜艳明媚，晚上就悄悄落在尘土中，第二天不知被风吹到哪里去了。时光流逝何其迅速，转眼，陶渊明已是中年人了，晚风吹落的不只有木槿花，还有他不知何时冒出来的白发。陶渊明心中起了波澜，想着趁老之未至，或许应该再奋力一搏。

这一年，他前往江陵，做了东晋重臣桓玄的参军，职位比之前的祭酒高一些。这项工作需要经常出差。有一次，他乘船到了离浔阳不远的规林，在今天安徽省宿松县长江边。突然间，狂风骤起，巨浪滔天，艄公拼命把船摇到了岸边。惊魂未定的陶渊明突然无限怀念以前的田园生活，他多么盼望自己是在柳荫之下，而不是在骇浪之边。

这种情形之下，为了能短暂逃离官场，他几次请假回家。然而，回家的日子越快乐，职场上的生活就越让人难以忍受。

03
守拙归园田

陶渊明在官场中无比煎熬时,他的母亲去世了。他在泪眼朦胧中火速赶到家中,再也没有回到桓玄府上。与此同时,桓玄篡位称帝,不足三年下野被杀。陶渊明幸运地躲过一劫,心中对波谲云诡的官场更加排斥。

然而为母亲守丧三年后,陶渊明为了生计,不得不第三次出仕,担任另一位重臣刘裕的参军。上任途中,陶渊明心情格外沉重。林中飞鸟,水中游鱼,似乎都在嘲笑他的不自由。不过他仍然勉力支撑,后来又做了另一位将军的参军。恰巧这位将军的幕府解散,陶渊明也就顺水推舟地回家了。

回家之后,陶渊明思考再三,打算做个县令攒些薪水,好为归隐做准备。两三年后,陶渊明出任彭泽县令。这一次,他竟然有些兴奋。县令的薪水丰厚,在职期间还配有三顷肥沃的公田。好喝酒的陶渊明,下令把这三顷地都种上可以酿酒的高粱,后来在妻子和孩子们的坚持下,才匀出其中的五十亩种粮食。

正当他想象着高粱收获后酿成美酒的景象时,督邮到县里来检查了。督邮负责考察县令的政绩,官阶不高但职权不小。所以,下属让陶渊明赶紧整冠束带去好生接待。

陶渊明深知督邮们趾高气扬,名义上考察政绩,实际上搜刮地皮。他不由得火冒三丈:"我怎么能为了这五斗米,点头哈腰去伺候那些小人？"正好，他的妹妹病故了，他就借口辞职了。不论别人怎么挽留，他毅然登上小船，朝家乡驶去，任凭身后那三顷公田谷穗沉沉，金浪翻滚。

快到家时，他发现孩子们早早就在门口等着他了。门前的小路边长满了野草，他挚爱的那几丛菊花依然在风中微笑。他拉着孩子们的手走进屋里，只见笑意盈盈的妻子已为他斟满了一杯烈酒——好香！乡邻们也过来了，告诉他现在该做什么农事了，好像他从未离开过。从此以后，尽管官府几次征召，陶渊明再也没有出仕。

没有了官场的心灵羁绊，他的诗情喷薄而出。他在草屋中、柳树下、池塘边，写下了流传千古的组诗作品《归园田居》。在这组诗的第一首中，他写道：

> 少无适俗韵，性本爱丘山。
> 误落尘网中，一去三十年。
> 羁鸟恋旧林，池鱼思故渊。
> 开荒南野际，守拙归园田。
> ……

在园田居里，陶渊明开创了读书人晴耕雨读的诗意生活。种菜养花，做饭烹茶，读书写诗，喝酒弹琴。和家人围坐，灯火可亲；和朋友小聚，不醉不归。他的《归园田居》组诗，以及其他大量田园诗歌，经反复吟咏之后，融入了后世人的血液之中。

唐代的王维，在和陶渊明差不多的年纪，买了一座别墅，过起了上十天班，在别墅休息一天的日子。这个自称和陶渊明对门的才子，成为一代诗佛，和杜甫、李白并列为三圣。宋代的苏轼，在经历了险些死于非命的牢狱之灾后，把陶渊明的诗改成了歌词，一边耕地一边欢唱。这个自称前世是陶渊明的人，成为中国文化屹立不倒的丰碑。

人这一生，历尽千辛万苦，终不是为了物质的堆积，而是灵魂的修行。我们往往不是孤身一人，一生要"扮演"很多角色，背负很多责任。也许无法归隐田园，但我们可以用心享受诗意：一朵形状优美的云，一枚悠悠飘落的叶，一碗热气腾腾的饭。静一点，慢一点，从忙碌的生活中抬起头来，体悟生活的另一面。

"三吏三别":人生无家别

> 时所在寇夺,甫家寓鄜,弥年艰窭,孺弱至饿死,因许甫自往省视。……少与李白齐名,时号"李杜"。尝从白及高适过汴州,酒酣登吹台,慷慨怀古,人莫测也。数尝寇乱,挺节无所污,为歌诗,伤时桡弱,情不忘君,人怜其忠云。……至甫,浑涵汪茫,千汇万状,兼古今而有之,他人不足,甫乃厌余,残膏剩馥,沾丐后人多矣。故元稹谓:"诗人以来,未有如子美者。"甫又善陈时事,律切精深,至千言不少衰,世号"诗史"。
>
> ——《新唐书·杜甫传》

有人说,如果把杜甫中年至他去世时的诗作全部读完,就会发现那是一部记录整个"安史之乱"的史书。如果把杜甫一生的诗作全部读完,就是一部见证大唐帝国由盛转衰的历史著作。这种说法毫不夸张,杜甫的诗,被称为"诗史"。他的诗对当时历史现象的记录,往往比官方的唐史更加详细,更加真实。

在唐朝璀璨的诗歌星河中,李白、杜甫二人无疑是最为耀眼的双子星。黄锦祥曾说："执唐诗牛耳者,唯李、杜二人!"韩愈也曾写道："李杜文章在,光焰万丈长。"

喜欢李白诗歌的人,觉得他的诗永远是那样浪漫飘逸。而偏爱杜甫的人,则会从他沉郁顿挫的诗歌中,体会出他悟透的人生,叹尽的悲凉。

人如诗歌命如国,途遇风雨泪几多。历史上能如杜甫这般,见证一个帝国从辉煌到衰落过程的诗人,本就不多。而用诗歌记录下一生的所见所闻、所思所想之人,更是寥寥无几。

他的诗歌之所以被称为"诗史",被赞为"世上疮痍,诗中圣哲",便是因为他的诗作满是真相,尽是写实。他用一支笔,写出了战乱之下底层人民的悲欢离合,勾勒出国家动荡后的真实生活。而其中最为著名的"三吏三别"(《新安吏》《石壕吏》《潼关吏》《新婚别》《无家别》《垂老别》),与其说是诗歌,不如说是一幅记录百姓悲苦的巨型画卷。

01
才高却不得志

747年,唐玄宗诏告天下,"通一艺者"可到长安应试。杜甫从小便有咏凤之志,这次入京,亦是踌躇满志,胸有成竹。可宰相李林甫,却自导自演了一场"野无遗贤"的闹剧,使得天下士子皆空欢喜一场。

杜甫出生在一个"奉儒守官"的名门世家,他从小便在儒家文化的熏陶下长大。"致君尧舜上,再使风俗淳",是他一生都要为之奋斗的目标。他为了自己的理想,决定留在长安,哪怕弯下自己的脊梁,向世俗妥协低头,也在所不惜。

他开始上下奔波,四处投赠。在这段时光里,他尝尽了残杯冷炙,受尽了悲辛苦楚。据《新唐书·杜甫传》记载,天宝十三年,杜甫为玄宗祭祀盛典进献了三篇赋,玄宗并没有太重视,仅任他为河西尉。可杜甫却觉得此官职对百姓不利,于是推脱不去。

后来,他又数次献赋上颂,大力推销自己的才华:"臣之述作虽不足鼓吹《六经》,至沉郁顿挫,随时敏捷,扬雄、枚皋可企及也。有臣如此,陛下其忍弃之?"杜甫为了实现自己的理想,忍辱负重,乞怜谋生。最终,也仅获得一个正八品下的"右卫率府胄曹参军"的小职位。

杜甫认命了,不管自己如何才高志广,终究不敌现实的凄凉。十年时光,杜甫已从一个意气风发的少年郎,变成了满脸愁容、郁郁寡欢的中年大叔。相比于过去的"事君治国",如今的他更希望可以让妻儿衣食无忧。

然而,当杜甫前往奉先县省亲时才发现,自己的小儿子已饿死许久。白发人送黑发人,杜甫内心的痛苦无以言状,只能以笔寄情,依诗载愁。他将忠君念家、怀才不遇、十年悲愤之情交织在一起,写下了《自京赴奉先县咏怀五百字》这首诗。其中,"朱门酒肉臭,路有冻死骨"这一千古名句,更是将阶级矛盾、贫富差距展现得淋漓尽致。

那时的杜甫,沉浸在郁郁不得志与丧子之痛的感情中。他不会想到,自己未来的命运会更加坎坷;而他深爱的国家,也将遭遇一场前所未有的危机。

02
短暂的高光时刻

天宝十四年,"安史之乱"爆发。安禄山率二十万军,只一月就从范阳打到洛阳,而后半年破潼关,占长安。

潼关失守,唐玄宗仓皇西逃。七月,太子李亨即位于灵武,史称唐肃宗。当时,杜甫一家已搬至鄜州羌村避难,听得肃宗即位,杜甫急忙安顿好家人,只身前往灵武投奔肃宗,却在半路被贼军所截,押往长安。

身陷长安的杜甫,内心满是焦虑。他盼望着朝廷可以打败叛军,重夺长安。可等到的消息却是"野旷天清无战声,四万义军同日死"。大唐一败再败,失望的不仅仅是杜甫,还有那些身陷长安对胜利充满渴望的被俘百姓。

这个冬天,杜甫过得异常艰难,前方战况不明,后方家中无信，而自己空怀辅国之志，却只能独自愁吟。所幸，随着郭子仪的出兵，官军节节胜利，长安收复在即。杜甫终于觅得时机，趁叛军看管不严，逃出长安，投奔肃宗。

一路走来，杜甫风餐露宿，栉风沐雨，见到唐肃宗时，已是"麻鞋见天子，衣袖露两肘"。肃宗大为感动，亲授杜甫左拾遗职位，让他可以近龙颜、事君王，以偿所愿。那段时间，可谓是杜甫一生的高光时刻。

然而，杜甫却因为为好友房琯仗义执言，惹怒了肃宗，被贬华州。在此期间，杜甫前往洛阳探亲，而官军与叛军在邺城大战，官军大败。郭子仪军退守河阳，为补充军力，四处征兵。而杜甫正从洛阳返回华州，眼见到战乱给百姓带来的无穷灾难，于是写出了流传百世的"三吏三别"。

"三吏三别"虽只有六首诗，但却从不同的角度，将百姓"孤苦无依靠，半点不由人"的命运记录了下来。这些诗篇，是百姓遭受战乱之祸、灾难深重最为真实的见证。

03
国家不幸诗家幸，赋到沧桑句便工

俗话说："宁为太平犬，不为乱世人。"战争给人们带来的灾难往往是不可预估的，百姓被裹挟在灾难中，每个人都无法左右自己的命运，主宰自己的方向。"安史之乱"以后，大唐人口锐减，《旧唐书》中记载的"为人烟断绝，千里萧条"，便是当时最真实的写照。

一将成名万骨枯，战争中，无论朝廷官军还是叛军，为了战胜对方，都要时刻保证己方的实力。于是，百姓时刻都要面临军队无节制的征召。而杜甫的"三吏三别"便是在这样一个环境中创作出来的。

杜甫的诗歌并没有抨击朝廷，也没有单纯同情百姓，他的可贵之处，便在于没有回避内心的矛盾，也没有纠结朝廷与百姓的问题所在。他只是用朴实的叙述方式，将他的所见所闻娓娓道来。

从古至今，世人往往将目光转向帝王功绩、成败得失上，而忽略了百姓疾苦、泪悲千古。而杜甫的"三吏三别"，正是将这段悲剧记录下来，让它成为文学和历史上都不可或缺的一块拼图。

从志得意满到怅然若失，从裘马轻狂到忧国忧民，杜甫的人生充满着执着，也充满了无奈。年轻时，他咏凤望岳，是如此意气风发；成年后，他面对残破的国家和昏庸的朝廷，又是如此无能为力。他心系天下，为国为民，虽仕途坎坷，却初心不改；他寄情诗歌，以诗咏志，虽毫无政绩，却留诗青史。

年少时，也许会觉得杜甫无趣，觉得"三吏三别"絮絮叨叨，诗句既不飘逸，又不优美。但长大后才知，杜甫的诗词并不是在课堂上所能体会到的，他的诗既是历史，又是沧桑。唯有历经人生千回百转，尝尽岁月苦辣酸甜，才能体会一二，品尽三味。

曾有这么一句话："每个时代都有每个时代的偶像，每个群体都有每个群体的向往。"杜甫，不但是后世文人的精神领袖，更是中华民族不屈的脊梁。三吏三别情，半生报国梦。杜甫从没有想过，他的诗会举世皆惊，他自己会被世人千古铭记。他靠着一份悲天悯人的信念，度过了自己动荡的一生；而世人也因为这份信念，将他铭记在心，代代相传。

《长恨歌》：此恨绵绵无绝期

> 禄山反，以诛国忠为名，且指言妃及诸姨罪。帝欲以皇太子抚军，因禅位，诸杨大惧，哭于廷。国忠入白妃，妃衔块请死，帝意沮，乃止。及西幸至马嵬，陈玄礼等以天下计诛国忠，已死，军不解。帝遣力士问故，曰："祸本尚在！"帝不得已，与妃诀，引而去，缢路祠下，裹尸以紫茵，瘗道侧，年三十八。……密遣中使者具棺椁它葬焉。启瘗，故香囊犹在，中人以献，帝视之，凄感流涕，命工貌妃于别殿，朝夕往，必为鲠欷。
>
> ——《新唐书·杨贵妃传》

唐明皇和杨贵妃的爱情，在史书中是繁华大唐由盛转衰的因由，在道德家眼中是禁忌的不伦之恋。唯有在"诗魔"白居易笔下，一首《长恨歌》，成就帝妃传奇爱情的千古绝响，千百年来感动了无数人，影响了无数文学艺术作品：元代杂剧《梧桐雨》、清初戏曲《长生殿》、当代电影《妖猫传》……《长恨歌》为何有如此大的魔力？

元和元年的一天，风和日丽，适宜出游。刚到周至县做县尉的白居易，与挚友王质夫、小说家陈鸿到马嵬驿附近的仙游寺游览。眼前的景致，让他们想起昔年在此香消玉殒的贵妃和无可奈何的玄宗皇帝。

王质夫感叹道："过往值得流传的事，若没有出世之才润色，便会掩埋于时光的长河中。乐天（白居易字乐天）深于诗，多于情，不如试着为唐玄宗和杨贵妃写一首诗歌，如何？"

白居易与陈鸿深以为然。二人相约，以此为题，一人写诗，一人写传。他们的初衷是"惩尤物，窒乱阶，垂于将来"，即讽刺时事，警示后人。陈鸿作《长恨传》，不忘主旨，针砭时弊。而白居易作《长恨歌》，却全无指责。

白居易不写贵妃曾为寿王妃（玄宗儿子李瑁之妻），不写贵妃哥哥杨国忠祸乱朝纲。让大唐盛世以摧枯拉朽之势衰落下去的"安史之乱"，也只是一笔带过。反而出人意料地用尽笔墨描写贵妃之美、贵妃之死、贵妃魂魄，以大量笔触勾勒出一段缠绵悱恻、荡气回肠的千古爱情。只因诗人心中，充满对相爱而不能相守之苦的同情。俗世纷纷，可否不去惊扰一个灵魂对另一个灵魂的刻骨铭心之情？

后世不少学者发现，《长恨歌》之情深，只因白居易提笔之际，难忘心中深藏的那段初恋。

01
杨家有女初长成

年少时，为了躲避战乱，白居易和家人曾在宿州符离安居多年。在符离，白居易刻苦读书。聪颖过人的他十四五岁便写出《赋得古原草送别》的传世名作：

离离原上草，一岁一枯荣。
野火烧不尽，春风吹又生。
远芳侵古道，晴翠接荒城。
又送王孙去，萋萋满别情。

才华横溢的少年郎，吸引了邻家姑娘的目光。这位姑娘有一个美丽的名字：湘灵。

比白居易小四岁的湘灵，经常与白居易一起游玩。两人青梅竹马，朝夕相伴。湘灵逐渐长成娉婷窈窕的少女，白居易也开始意识到内心的感情。在湘灵十五岁那年，白居易提笔为她写下诗歌《邻女》：

娉婷十五胜天仙，白日姮娥旱地莲。
何处闲教鹦鹉语，碧纱窗下绣床前。

白居易毫不吝惜赞美之词，将湘灵比作月中嫦娥，又赞美她如莲花般纯洁。她在碧纱窗下教鹦鹉说话的灵动可爱，令白居易深深难忘。与湘灵两小无猜的岁月，让白居易体会到女孩"初长成"的美好。

体会过爱情中最曼妙的风景，细腻的笔触更能穷尽爱情的甜蜜。《长恨歌》中最著名的诗句，总是与爱情有关："回眸一笑百媚生，六宫粉黛无颜色。""春宵苦短日高起，从此君王不早朝。"爱一个人时，她的"回眸一笑"，能令众生失色。爱一个人时，与她在一起胜过一切，以至于"从此君王不早朝"。

然而起初甜美的爱情，有时是苦涩的结局。浮华尘世，总有千难万难，让相爱之人饱尝爱而不得的辛酸。

02
孤灯挑尽未成眠

"渔阳鼙鼓动地来，惊破霓裳羽衣曲。"唐明皇与贵妃平静而浓烈的爱情，被在渔阳发起叛乱的安禄山惊破。战火烽烟席卷洛阳、潼关，直逼长安。当唐明皇一行人逃到马嵬驿时，发生兵变。六军逼迫唐明皇赐死贵妃。

"六军不发无奈何，宛转蛾眉马前死。""君王掩面救不得，回看血泪相和流。"为了江山，唐明皇不得不舍弃心爱之人。相似的痛苦，白居易也曾在他的爱情中尝到。

惊破白居易和湘灵之间爱情的，是门第之见。据说白居易的母亲是十分要强的女人，她无法忍受儿子娶一位门不当户不对的女子。在她眼中，出身村野的湘灵配不上官宦家庭的白居易。为此，白居易曾发愤努力，希望求得仕途，争取自己的爱情。

于是，他不得不离开符离前去赶考，在路上，他写下《寄湘灵》：

> 泪眼凌寒冻不流，每经高处即回头。
> 遥知别后西楼上，应凭栏干独自愁。

诗中弥漫着一种别后的悲戚。白居易不仅表达了对湘灵的思念之情，也相信对他一往情深的湘灵，会独自在西楼倚着栏杆等待他的归来。

贞元年间，二十九岁的白居易考上进士。他满心以为能够如愿以偿娶到湘灵，母亲却仍然坚持不允。

元和元年，白居易参加制科考试，再次考中，调任周至县县尉。已经三十四岁的白居易，仍然单身未娶，似乎在做着最后的挣扎。他已逐渐意识到，仕途的成就无法换来心爱的女子。门第礼法和母亲的固执，终究是他和湘灵之间无法跨越的障碍。也是在这一年，白居易怀着寂灭之情写下《长恨歌》。

诗歌中，贵妃殒身之后，许多诗句描绘唐明皇寂寞难遣：

"夕殿萤飞思悄然，孤灯挑尽未成眠。""鸳鸯瓦冷霜华重，翡翠衾寒谁与共。"这份痛苦寂寞，不单单属于唐明皇，更属于白居易自己。在白居易为湘灵所写的《冬至夜怀湘灵》一诗中，有曲异而情同的表达：

艳质无由见，寒衾不可亲。
何堪最长夜，俱作独眠人。

人这一生最大的遗恨，便是相爱而不能相守。《长恨歌》，是白居易对求而不得之情的一份祭奠。

03
词中有誓两心知

现实中，白居易与唐明皇一样，终究在无可奈何之下，做出了妥协。

就在写下《长恨歌》的两年之后，白居易娶了门当户对的同僚之妹为妻。从此以后，他将爱情，永远尘封于唯美的诗歌之中。婚后的他，无法克制对湘灵的思念，四十岁时，在《夜雨》一诗中为湘灵写下：

> 我有所念人，隔在远远乡。
> 我有所感事，结在深深肠。
> 乡远去不得，无日不瞻望。
> 肠深解不得，无夕不思量。
> ……

四十七岁那年，看见湘灵昔日所赠的鞋子，他作下《感情》，写出当年湘灵的赠言：永愿如履綦，双行复双止。盼望我们二人如同这双鞋，同行同止。

直到五十多岁，白居易仍然不忘湘灵，怀着无尽遗憾之情，写下一首哀伤的《潜别离》：

> 不得哭，潜别离。
> 不得语，暗相思。
> 两心之外无人知。
> 深笼夜锁独栖鸟，利剑春断连理枝。
> 河水虽浊有清日，乌头虽黑有白时。
> 唯有潜离与暗别，彼此甘心无后期。

一段感情，从十九岁的少年到五十多岁的暮年，三十多年深藏于心的苦苦痴恋。除了无尽分离之恨，留给白居易的，只有"两心之外无人知"的情感和誓言。

白居易感慨他和湘灵如同被锁住的孤单鸟儿和被斩断的连理枝。早在他二十多岁时，就曾在写给湘灵的《长相思》中立下誓言：

愿作远方兽，步步比肩行。
愿作深山木，枝枝连理生。

这与《长恨歌》中唐明皇和杨贵妃曾经的海誓山盟竟然如此相似。在《长恨歌》最后，唐明皇请来的临邛道士，终于在海上仙山之中，找到贵妃的魂魄。贵妃以当年的旧物表达相思之情，说出唯有君王和她知道的誓言：

临别殷勤重寄词，词中有誓两心知。
七月七日长生殿，夜半无人私语时。
在天愿作比翼鸟，在地愿为连理枝。

当年海誓山盟的凄美画面，似乎成了白居易一生挥之不去的深刻怀念。他这一生，曾辜负所爱之人，向俗世妥协；曾遇见无数窈窕歌妓，有过半生风流。可愿为连理枝的誓言，只许给过一人。而这一人，是他的求而不得，是他穷尽一生做不完醒不来的梦，是他的终身遗恨。

"天长地久有时尽，此恨绵绵无绝期。"唯有白居易，能写出《长恨歌》。因为白居易理解一个人对另一个人念念不忘却爱而不得的心酸。

情到深处人孤独，爱至穷时尽凄楚。世人皆说，唐明皇和杨贵妃不该相爱，一个痛失天下江山，一个殒身马嵬驿。白居易何尝不知歌舞升平的盛唐从此葬送，如何不解江山美人的痛苦困境。可他仍然写下《长恨歌》，以锦绣华章织就一段惊天动地的传奇爱情。

在现实中，他无法冲破封建门第之见；唯有在诗歌里，能赋予爱情无关尘世浮华、无视飞短流长的勇气。在这世间，一个灵魂与另一个灵魂的比翼双飞、枝叶连理，是多么难能可贵。因为爱情，今生不虚此行。

《锦瑟》：此情可待成追忆

> 商隐幼能为文。令狐楚镇河阳，以所业文干之，年才及弱冠。楚以其少俊，深礼之，令与诸子游。楚镇天平、汴州，从为巡官，岁给资装，令随计上都。开成二年，方登进士第，释褐秘书省校书郎，调补弘农尉。会昌二年，又以书判拔萃。王茂元镇河阳，辟为掌书记，得侍御史。茂元爱其才，以子妻之。
>
> ——《旧唐书·李商隐传》

说起唐诗，人们可能更多地想到的是初唐四杰、李白、杜甫等闪耀着光芒的明星。但在晚唐时，李商隐就像冉冉升起的新星，他所发出的光芒，并不逊色于他们。李商隐的诗词，以用典生僻、诗意晦涩著称。不仅仅是我们现代人，很多古人对他诗中所表达的含义，也拿捏不准。

尽管没有人能够做出准确的解释，但是这并不影响我们沉溺到他的诗中，感受诗歌朦胧的美和爱情的瑰丽。而流传千古的《锦瑟》正是这朦胧诗的代表。

锦瑟无端五十弦，一弦一柱思华年。
庄生晓梦迷蝴蝶，望帝春心托杜鹃。
沧海月明珠有泪，蓝田日暖玉生烟。
此情可待成追忆，只是当时已惘然。

01
《锦瑟》为何

可以这样说，在历代诗歌中，《锦瑟》可以算作最让人琢磨不透的一首诗。它记录了什么事情，表达了什么情感，人们众说纷纭。

一般而言，有两种说法：一种认为，这是一首悼亡诗，悼念自己的妻子王氏；另一种说法认为它是诗人对逝去的年华的追忆。除此之外还有一种说法，来自北宋大文豪苏轼，他下结论说，《锦瑟》是一首单纯的咏物诗。

"苏门四学士"之一的黄庭坚，是一位知识非常渊博的学者，可就连他也看不懂《锦瑟》这首诗的意思，于是他去请教自己的老师苏轼。苏轼说古书上记载，瑟这种乐器有四个调子，分别是适、怨、清、和，这不正是《锦瑟》这首诗在讲的内容吗？

如果非得这样解释，也能成立。然而即便李商隐真的如此构思，这首诗的魅力也远远凌驾于他的意图之上。尽管李商隐究竟想要表达什么，谁也说不准，但如果我们回顾他一生的经历，或许能从中找到一份属于自己的答案。

02
从初恋说起

唐太和九年夏天，一场阴谋蛰伏在宫廷中，蓄势待发。那年年底，历史上有名的"甘露之变"爆发，皇帝唐文宗，被宦官挟持，软禁于宫中。朝廷一瞬之间变了天，然而远离长安的洛阳，几乎没有受到这场变动的波及，甚至，蛰伏的阴谋都未有察觉。

牡丹花期正浓，与它一同盛开的，还有一个叫柳枝的女孩。那年，她刚好十七岁，她只想度过自己生命中这段最美好、最无忧无虑的时光。

柳枝的父亲经商中，死于湖上的风波。虽然失去了父亲的爱护，但是母亲对柳枝的关爱更胜过她的儿子。也许因为母亲的宠溺，十七岁的她，还不知道男女之事。"吹叶嚼蕊，调丝擫管。"她不是用它们来吹奏女儿家的小调调，而是用它们"作天海风涛之曲，幽忆怨断之音"。

她的邻居，十年如一日地听着这些曲调，很疑惑：为什么柳枝如此如痴如梦地活着，迟迟不肯出嫁？在那个时代的人们看来，适龄的女孩除了一桩体面的婚事，已经没有什么能让她们更应为之心醉的了。

有一天，一段动人的诗句从南柳下传来，悠长的音律和诗中的意象，吸引住了柳枝。原来是她的另一个邻居李让山，在家边低吟。柳枝从来没有听过这样的诗，里面的意象光怪陆离，却又显得那么真实，仿佛三生三世的爱恨缠绵在一起，表达的爱意是那么深沉和热烈。

她惊奇地问李让山："谁人有此？谁人为是？"他回答说："是我的堂弟李商隐所作的诗。"

一首诗，让一个少女的心开始萌动。第二天，二十二岁的李商隐来到柳枝家附近，她鼓足了勇气，大胆地发出了邀请："三天之后，邻当去溅裙水上，以博山香待。"少女的烂漫和开朗，让李商隐无法拒绝。于是即将远赴长安赶考的李商隐，便停留了几日。但美好，到此为止。

与李商隐一行赶考的同伴，出于嬉闹偷走了他的衣服，让他无法在洛阳停留。最终他背弃了与柳枝的约定，远赴长安赶考了。当年冬天，李让山冒着大雪给李商隐带来柳枝的消息，她已经被"东诸侯"娶去为妾了。

一次不期而遇的机缘，触动了李商隐的心弦。在赶考和佳人之间，他不得已选择了前者。似乎李商隐的一生都被一种悲观的色彩所笼罩。那年，他放弃了柳枝，进京赶考，却只换来又一次落榜。倘若他早知如此，会不会愿意在山城留滞，不负柳枝呢？

03
初遇爱妻

或许正是第一次的错过，让李商隐知道了爱情的可贵。李商隐虽然在诗歌中将爱情写到极致，但在现实中很少动情。

在与柳枝分别的那一年，李商隐二十二岁。在此之前，李商隐已经参加了数次科举考试，均以失败告终。这倒不是因为他才华不及他人，而是他不善于自荐。因为在唐代举国上下都洋溢着积极进取的心态，越是张扬、不畏惧自我推荐的人，越受欢迎。

由于采取的是实名制阅卷，考官往往会根据考生的名气与关系决定名次。自荐，就显得格外重要。可是在传统儒家的观念里，一个人纵然有经天纬地之才，如若自荐也会有失尊严，因此李商隐坚持不自荐。

另外，当时流行华美的骈文，而李商隐擅长的是经世致用的古文。不巧的是，当时推崇古文的大家韩愈，也在那段时间去世了。古文本就不受欢迎，再加上韩愈去世，古文更是成了冷门。

幸运的是，他遇见了人生中的恩师：一代文宗令狐楚——当时牛李党争中牛党的中坚力量。令狐楚的儿子令狐绹和李商隐成了至交好友，在令狐绹的举荐下，他在贵族的人脉圈，也如鱼得水。

在二十六岁时，李商隐凭借自身的才华以及令狐楚父子对考官的施压，高中进士。在当时有一种说法："三十老明经，五十少进士。"在那个年代,五十岁能考中进士的,都算年轻的了。坚持清高的他,终于少年得志,前途一片光明。

那一年,在京城的聚会中,李商隐遇到了王氏。王氏是李商隐老师政敌的女儿。那天王氏毫无征兆地出现在屏风之后,她偶尔探出头来,恰好与李商隐的目光相对。王氏对此很是淡然,举手投足间皆是世家风范,不像其他小姐一样显得做作。倒是李商隐先乱了方寸紧张起来,连忙低头饮茶。

儒家传统告诉他:"非礼勿视。"可是他却忍不住向王氏多看了几眼。这是李商隐几年来再一次为爱情动心。当然,王氏也被面前这位少年以及他的诗文折服,对他一见倾心。

04
爱情抉择

一年以后,他的恩师令狐楚病逝。在处理完毕老师丧事不久,王茂元了解到了女儿对李商隐的心意,同时欣赏李商隐的才华,想将女儿许配给他。

这是一个异常艰难的选择,如果他同意了这门婚事,就代表着和老师政敌联姻。无论在牛党还是世人眼里,这无疑是对老师的一种背叛,是忘恩负义。

然而李商隐一生注定是为情所困的人,他也不想因自己的功利之心，再次错过渴望的爱情。纠结再三，感情还是征服了理性，他决定与王氏结为夫妇。一时间牛党震动，老师的儿子令狐绹誓与李商隐为敌。

倒不是李商隐不明白其中利害，只是他就是这样纯粹遵从内心的人。从后来的史料和诗词来看，纵使他对这个世界抱有不满，但他从未后悔与王氏结为夫妇。

从那时起，李商隐的仕途虽起起伏伏，但是在婚姻生活中，李商隐能感受到为数不多的快乐。妻子永远温润体贴，从未因生活的拮据和丈夫仕途上的不顺有过任何抱怨。为了能让妻子过上更好的生活，他远赴异乡做官，这一走，就是十年。十年后，妻子病逝，两人竟连最后一面都没见到。

那年七夕，他写下了一首悼亡诗《七夕》：

鸾扇斜分凤幄开，星桥横过鹊飞回。
争将世上无期别，换得年年一度来。

又到了七夕，有多少情人相拥在一起，仰望银河。曾经的自己，因为生活和妻子聚少离多，而今阴阳两隔，再见无期。还不如牛郎织女，一年尚有一次可以相会的日子。这么多年辛苦努力，和妻子聚少离多，就是为了给妻子更好的生活，到头来却与妻子阴阳相隔。

八年之后，在郁郁不得志中，在失落寡欢中，在对妻子的思念中，在党争的夹缝中，李商隐抱憾而终。去世之前，李商隐留下了人生最后一首诗《锦瑟》，在这首诗中回顾了自己的一生。

"此情可待成追忆，只是当时已惘然。"或许这种"惘然"的情绪早在王氏窥帘和李商隐四目相对的那一刻起，就种在了李商隐的心中。

《锦瑟》究竟有何含义，我想也许再过几百年还是没有定论。然而，我更愿意把李商隐对王氏的爱附会到它之上。或许在那个时代看来，李商隐无疑是个失败者，但正因为他的"失败"，让他的"情感"变得朦胧、凄美，也正是这种朦胧和凄美让他在后世一千多年中大放异彩。

《虞美人》：故国不堪回首月明中

> 煜为人仁孝，善属文，工书画，而丰额骈齿，一目重瞳子。自太子冀已上，五子皆早亡，煜以次封吴王。建隆二年，景迁南都，立煜为太子，留监国。景卒，煜嗣立于金陵。……八年十二月，王师克金陵。九年，煜俘至京师，太祖赦之，封煜违命侯，拜左千牛卫将军。
>
> ——《新五代史·南唐世家》

春日的繁花，最是美艳动人；秋日的明月，最是皎洁如水。这番美景，随着一个亡国之君，随着一个千古词帝，顺着那一江的春水，一去再也不会复回。

李白曾说道："今人不见古时月，今月曾经照古人。"千百年来，世界的一切都在改变，唯一不变的仿佛只有在宁静时依然照着人们的月光。

古人对"人生无常"这四个字的感悟，应当比今人深刻得多。所有的一切只消一丁点意外都可能香消玉殒。但即使在看惯了无常的古人眼中，被称为南唐后主的李煜的命运似乎也无常得过分了。

因一首词刺激了当朝皇帝赵光义,太平兴国三年(978年)的七夕,也是李煜四十一岁生日的那一天,李煜死于京师。像其他归降宋朝的前朝遗老一样,他的死因被赵光义宣称为:暴毙。

而我们都相信,令他"暴毙"的,正是那首流传千古的《虞美人》:

> 春花秋月何时了,往事知多少。
> 小楼昨夜又东风,故国不堪回首月明中。
> 雕栏玉砌应犹在,只是朱颜改。
> 问君能有几多愁,恰似一江春水向东流。

01
淡泊名利反遭忌

李煜的名句很多,比如《虞美人》中的"恰似一江春水向东流",《浪淘沙》中的"流水落花春去也,天上人间"。从这些耳熟能详的词句中,我们很容易感受到其中蕴含着的无与伦比的"神秀"。

其实,李煜早年的词并不是这样的,甚至我们完全无法察觉出来,那些词是出自他之手。比如《渔父》:

浪花有意千里雪，桃李无言一队春。
一壶酒，一竿纶，世上如侬有几人。

一棹春风一叶舟，一纶茧缕一轻钩。
花满渚，酒满瓯，万顷波中得自由。

每一个初读《渔父》的人，都很难想象到它是深宫中一位王公贵族的作品，能够察觉到的是浪漫或者是完全隐逸、脱离现实的洒脱。

很多评论家解释说，李煜的早期作品和后期作品之所以风格差别很大，是因为他被俘北上，经历了国破家亡的无常变化。命运的淬炼和打击，让他成了一流的词人。

这的确是一个原因，然而还有一个更重要的原因，让他早年诗词的风格，不得不刻意装出清逸洒脱。

李煜，原名李从嘉，字重光。后以"日以煜之昼，月以煜之夜"之意改名李煜。他是南唐中主李璟的第六子，由于前面的几个哥哥早夭，当李煜的长兄李弘冀为皇太子时，他其实是次子。

而且他天生拥有被称为帝王之相的"重瞳"。这是舜帝和项羽所具有的特征，所以很容易让人联想到他将来成就一番帝王事业的可能。

而他的命运恰恰也从他出生时起就陷入了矛盾的状态，或者说他的悲剧注定要上演了。若依照传说中一目双瞳的相貌,人们期待着他能中兴南唐;而若依照礼法来说,嫡长子应当继承皇位,以确保稳定。然而他不愿意去争夺这些世俗的东西,因而对政治表现得极其冷淡。

然而这却逃脱不了疑心特别重的太子李弘冀的猜忌。当时他为了防止父亲"兄终弟及"的诺言成真,已经杀害了自己的叔父。但是他依然把目光紧紧盯在了自己这位淡泊名利的弟弟身上,他怎么也想不到这个世界上真的有淡泊权力之人。

险恶的帝王之家,逼得年轻的李煜早早地学会了中年政客的伎俩,纵情于山水之间。对于那些认为他没有出息的言论,他非但不去澄清,还大张旗鼓地展露在人前。并且,他还给自己取号"钟隐""钟峰隐者""莲峰居士",表明自己的志趣在于秀丽的山水之间,只要酒,只要诗,无意与兄长争夺太子之位。

02
突如其来的帝位

命运,又和李煜开了一个玩笑。处心积虑排除异己的哥哥意外早逝,权力避之不及地落在了李煜的身上。961年,他正式继位。也正是从那天开始,他改名为李煜。

其实,有时候一个人在某一方面过于出色,我们往往会忽略他其他的优点,或者缺点。就像我们一直认为,李煜在国事上是个昏庸懦弱的人,但其实和一些君主相比,他还是显现出了一些骨气。

南唐还没有灭亡时,还有一个国家吴越在和北宋分庭抗礼。吴越国主钱俶,对内横征暴敛,对外卑躬屈膝。相比之下,李煜虽然是个孱弱的文艺青年,但是关键时刻,还真敢和北宋开打。

李煜刚继位的时候,试图学习诸葛亮"联吴抗曹",联合吴越来抵抗赵匡胤。然而,钱俶趋炎附势,不仅做了赵匡胤的忠实盟友,要钱给钱,要粮给粮,还将李煜生生地出卖了。

孤掌难鸣的李煜,这才开始对北宋降制示尊。然而,他并不是一味地退让,他的弟弟李从善被赵匡胤扣押,而他一再上表求放李从善归国,宋太祖不许。而赵匡胤以祭天为由,诏李煜入京,李煜托病不从,回复"臣侍奉大朝,希望得以保全宗庙,想不到竟会这样,事既至此,唯死而已"。

赵匡胤没想到孱弱的李煜,居然能说出这样的话。于是立马大军压境,而面对这种情况,李煜也不再退缩,亲自募兵,以抵抗宋军。

那时候吴越的钱俶又趁火打劫,趁机进犯常州、润州,李煜遣使质问,说以唇亡齿寒之理,吴越王不答,转送李煜书信至宋廷。

由于实力悬殊,李煜兵败被俘。而被我们现在所熟知的李煜的风格,也是在这个时候迸发出来的。在被囚禁的时间里,他的诗词也有着不同程度的变化。从自我的角度，慢慢地变成了能够穿越古今的隽永的模样。

03
问君能有几多愁

刚开始的时候，李煜的词大多都如同《忆江南》的风格一般。

> 多少恨，昨夜梦魂中。
> 还似旧时游上苑，车如流水马如龙。
> 花月正春风。

这样的词中，要么是明目张胆地表达了自己的不满，要么是对往事美好的回忆。视角没有那么开朗，又是上苑，又是车马，却没有点出那些人类共有的悲伤。

然而到了后期，李煜的词完全成熟了。而那首令他绝命的《虞美人》，是最具代表的作品之一。

王国维曾经拿宋徽宗的《燕山亭》举过例子，说如果从遭遇和艺术水平来说，他应该是和李煜最相似的人，但他词的境界和李煜一比就相形见绌了。

比如《燕山亭》的头两句："裁剪冰绡,轻叠数重,淡著胭脂匀注。新样靓妆,艳溢香融,羞杀蕊珠宫女。"仅仅写了杏花,又是用典又是雕琢,然后再从杏花引申到亡国的悲情。

然而王国维却说,他表达的悲情太过于"个性",除非你和他同样的时代,同样的遭遇,否则你很难和他产生共鸣。

"春花秋月何时了,往事知多少。"早已经忘记了,春花秋月的美好时光,是何时结束的。伴随着那些美好消散的,还有依稀不清的往事,它们只剩下零星的一点,潜伏在我的记忆深处。虽然存在,但我很难将它们连成片段记忆起来。

"小楼昨夜又东风,故国不堪回首月明中。"昨夜小楼上又吹来了东风,它们唤醒了那些春花,同时唤醒了我埋藏在内心深处的那些不愿回首的记忆。它们暴露在这浩荡的月光下,显得那么的凄凉。

"雕栏玉砌应犹在,只是朱颜改。"曾经美好的地方,那些雕栏玉砌,应该都依然存在,只是,不再属于我自己了。

"问君能有几多愁,恰似一江春水向东流。"用满江的春水来比喻满腹的愁绪。水作为愁绪的意象,早就成为文人骚客的标配,而李煜更上一层:春水不止,愁绪不休。

无论是"流水落花春去也",还是"人生长恨水长东",哪怕是今天的一个中学生来阅读,都能被李煜的词所触动,联想到自己哪怕琐碎的忧愁的情绪中。这种忧愁,或许连我们自己都说不清道不明,但是他点出了人们共有的悲伤,而它能穿越时空,让所有读到它的人都感同身受。

　　李煜并没有我们想象中的那么窝囊。正如他自己认为的底线一般，他可以屈尊降贵，但自己坚守的东西不能被抹杀和羞辱。在被囚禁的三年里，他也从来没有停止过对故国的思念，也从来没有停止过对自我的表达。

　　只是，北宋的皇帝换了，从心胸开阔的赵匡胤换成了内心狭隘的赵光义。或许是因为这首词刺激了他内心的某个点，又或许仅仅是认为这个满腹牢骚的富贵闲人，再也没有什么利用价值了，在李煜四十一岁生日那天，也就是太平兴国三年七夕的那个晚上，李煜与世长辞。也正是在他死后，他的精神神化了，不必再受到世俗的限制，成为文学上的帝王。

《满江红》：臣子恨，何时灭

> 飞移军京西，改武胜、定国军节度使，除宣抚副使，置司襄阳。命往武昌调军。居母忧，降制起复，飞扶榇还庐山，连表乞终丧，不许，累诏趣起，乃就军。……飞奏至，帝语赵鼎曰："刘麟败北不足喜，诸将知尊朝廷为可喜。"遂赐札，言："敌兵已去淮，卿不须进发，其或襄、邓、陈、蔡有机可乘，从长措置。"飞乃还军。时伪齐屯兵窥唐州，飞遣王贵、董先等攻破之，焚其营。奏图蔡以取中原，不许。飞召贵等还。
>
> ——《宋史·岳飞传》

《满江红》是宋代抗金名将岳飞的词作。词调激越，感情慷慨，堪称家国情怀词作之最。每次吟诵，都会激起我们澎湃难平的心潮。当年，岳飞是怀着怎样的心情写下这首《满江红》的？

01
恢复山河日，捐躯分亦甘

故事要从宋徽宗禅位说起。宣和七年，金国灭掉辽国之后，开始攻打北宋。宋徽宗收拾不了这一烂摊子，他把皇帝之位禅让给长子赵桓，也就是宋钦宗。

第二年，北宋国号由"宣和"改为"靖康"。面对汹汹而来的金军，宋钦宗想到的第一个办法，就是守。可看到金军包围开封的架势，宋钦宗最终被迫求和。

北宋供奉了大批金银，把太原、河间、中山等三郡割让给金国。可对于这个结果，刚刚即位的宋钦宗，怎么也咽不下这口气。

靖康元年，宋钦宗反悔拒绝割地，北宋与金国形势变得更加紧张。宋钦宗派人给康王赵构送密信，命令康王赵构为河北兵马大元帅，让他征召各路兵马，以备救驾。

在相州城里，宋钦宗派武翼大夫刘浩负责招募义士。一天，一个青年看到城墙上的招募布告，他拳头紧握，骨节震响。这个人正是岳飞。

自从给父亲守完孝，岳飞就重返沙场。经历过不少战争，他看到家园被战火摧毁，见到无数百姓因为金军的铁骑而妻离子散、流离失所。岳飞心中忧愤难平，他想借此机会上战场前线，取敌将首级，夺回属于自己国家的土地。

但，岳飞揭下布告的手，迟疑了。他担忧家中老母年迈，妻儿力弱，在战乱中难以保全。

好在，岳飞的母亲姚氏是个深明大义的人。她把岳飞叫到跟前，说了这样一番话："家国，家国，没有国哪来的家？把金人赶走才能保住我们的小家，你放心去吧，家里交给我照顾。"

为了坚定岳飞的意志，岳母在他的后背上刺了四个字"精忠报国"。钢针扎在后背上，不断传来的疼痛，时时刻刻提醒着岳飞：收复河山，是他这一生必须奋力实现的事业。

02
雄气堂堂贯斗牛，誓将直节报君仇

据宋史记载，岳飞一出生就有神力。他曾向武术大师周侗学习射箭，练就高超的射箭技术，能够左右开弓。父亲曾问岳飞："如果将来有一天要你报效国家，你能够成为为国捐躯的忠义之人吗？"岳飞决定用自己的一生来回答这个问题。

靖康元年，康王赵构到相州，大开河北兵马大元帅府。岳飞跟随武翼大夫刘浩所部一起划归大元帅府统辖。

有了更广阔的战场，岳飞怀着一腔热血，两战成名。李固渡一战，岳飞奉刘浩之命，本是去侦察敌情，谁知与金兵狭路相逢，岳飞带着三百人的骑兵队伍击退敌军，杀死首领。滑州南一战,他又只用了百人骑兵,就杀敌数千人,俘获数百匹战马。

岳飞是打仗的好手,他敢冲敢闯,指挥能力高强。归为名将宗泽部下之后,他在河南濮阳这个地方,与金军打了十三场战役,次次获胜,越战越勇。可纵使岳飞有一身武力,也难以一下子就把金军赶出北宋。

靖康二年,让北宋最感屈辱的一幕发生了。包围中的汴京被金军洗劫一空,宋徽宗、宋钦宗二帝与一众大臣、妃子,成了金国的俘虏。汴京这一劫难,史称"靖康之耻"。

看到萧瑟的皇城,悲愤之中,岳飞更加坚定了与金军拼杀到底的决心。五月,康王赵构在众人的拥护下,在河南商丘即位,史称"宋高宗"。岳飞急着给宋高宗上书:"陛下已经当上了皇帝,江山社稷也有了主人,我们已经具备攻打敌人的实力。我请求陛下,趁着敌军守备还未牢固之时,亲自率领六军北渡。我们就可以一鼓作气,收复中原。"

岳飞的确是为国家着想,可他在无意间,得罪了宋高宗。一个小小的武将,竟然敢对皇帝指手画脚。于是,他一腔赤胆忠心,终因不适宜的话,换来八个字:"小臣越职,非所宜言。"这一年,岳飞栽了个大跟头。他被革除军职、军籍,逐出了军营。

然而,生是岳家人,死是沙场魂。战场少不了岳飞,岳飞也离不开战场。八月,岳飞经过推荐,会见了当时声满河朔、正多方收揽抗金英才的招抚使张所。

一见张所，岳飞这匹"千里马"，如遇伯乐。张所破格提拔他，先是修武郎，继而又升为统领，然后又升为统制。后来，他被分到名将王彦部下，再次成为南宋抗金的主力将领。

03
遥望中原，荒烟外，许多城郭

就在岳飞以命与敌军拼杀的时候，宋高宗考虑战争对国家的消耗，他一心求和，开始打压抗金力量。坚决主张抗金的丞相李纲被罢免，继而，招抚使张所也遭贬谪发配岭南，最终死于途中。王彦和岳飞的军队，成了无援的孤军。

在新乡县石门山一战中，王彦和岳飞被金军所包围。王彦主张谨慎出战，而岳飞觉得王彦太胆小，分歧就产生了："徽、钦二帝被俘，敌人盘踞河朔一带，我们应当杀出去。现在不速战，反而选择观望，你真的是要讨伐敌军吗？"

岳飞与王彦意见不合，岳飞不管军中等级，率领部下擅自出战，攻占新乡县。建炎二年（1128年），东京开封府留守宗泽欣赏岳飞的将才，不计较他违反军纪的事情，将其纳入麾下。

之后，岳飞很争气，他屡建奇功。国土一点点失陷，他所做的，就是把失去的土地，重新夺回来。

1129年，行台右丞相杜充放弃建康，叛逃到真州，投降金国,导致建康失陷。1130年,岳飞在建康南面的牛头山扎营,每晚派敢死队突袭金军,金军伤亡惨重。在金军准备弃城逃跑时,岳飞率三百骑兵二千步兵冲下牛头山,大败金军,收复建康。

岳飞的威名越来越响。人们把岳飞领导的抗金队伍,叫作"岳家军"。几年里,岳飞胜仗不断,加入岳家军的将士也越来越多,兵力达到巅峰。

1136年初,宰相兼都督诸路军马张浚召开军事会议,决定北伐中原。岳飞受命进军襄阳,可就在做准备的时候,母亲姚氏不幸病逝。随着战事逼近,军中还等着他主持大局。岳飞悲痛不已,他第一次感受到"忠孝不能两全"的痛楚。他是一个孝子,如今,只能选择赶快回到军中指挥北伐。

接下来的战争,岳家军火力全开。岳飞收复汝城、颖昌府、卢氏县等地,又打下河南灵宝、嵩县、上洛、商洛、洛南、丰阳、上津、洛宁等县。此时,岳飞激情满满地向高宗上书:将借势直渡黄河,与太行民兵配合收复河北。

但让岳飞郁闷的是,宋高宗没有回应。岳飞的计划被全盘打乱,他因为军中粮草不济而退守鄂州。这篇流传千古的《满江红》,就是在这种情况下写的,不知道岳飞是怀着怎样的心情呐喊出这首词的!

慷慨悲歌后,他暗下决心:只要自己一天不死,金军休想摧毁自己的家园。

04
青山有幸埋忠骨，白铁无辜铸佞臣

岳飞这么说，也是这样做的。

1140年，金国将领完颜兀术发动政变掌握了大权，废除了与南宋的和约。他本以为拿下南宋如探囊取物，然而，他发起的进攻，都被岳飞一一破解。

一次，完颜兀术想直捣岳飞的指挥中心，命一万五千名骑兵直扑郾城。岳飞命儿子岳云率领岳家军最精锐的队伍"背嵬军"与金军战斗。凭借这支精锐部队，岳家军多次击败了完颜兀术。

可就在岳飞准备乘胜追击的时候，他连续收到了十二道加急金牌班师令，措辞极其严厉：大军即刻班师回朝，岳飞本人去临安朝见！

大好机会，就这么错过了。岳飞无奈地仰天长叹："十年之力，废于一旦！"

之后，完颜兀术借投降派势力，除掉岳飞。他给秦桧写了一封信，说："只有帮我杀了岳飞，金宋才能议和，否则就别谈了。"

1142年，宋高宗下了一道敕令：岳飞特赐死。被关押在大理寺狱中的岳飞，提起颤抖的手，在供状上留下"天日昭昭，天日昭昭"八个大字。

此时，岳飞还没来得及跟妻儿告别。岳家军的新将领还未确定。想起六年前写下的那阕《满江红》,岳飞心中愤懑难平。一片忠心,天地可鉴。可一腔抱负,再难实现。

多年之后,伫立在岳飞墓前,我们同样会心潮难平。我们被岳飞的忠魂所震慑到。只因为,他对祖国山河的每一块土地,都爱得这样深沉。

《破阵子》：醉里挑灯看剑

> 乃约统制王世隆及忠义人马全福等径趋金营，安国方与金将酣饮，即众中缚之以归，金将追之不及。献俘行在，斩安国于市。仍授前官，改差江阴佥判。弃疾时年二十三。……时虞允文当国，帝锐意恢复，弃疾因论南北形势及三国、晋、汉人才，持论劲直，不为迎合。作《九议》并《应问》三篇、《美芹十论》献于朝，言逆顺之理，消长之势，技之长短，地之要害，甚备。
>
> ——《宋史·辛弃疾传》

宋朝因重文轻武，一直被称为"弱宋"，但很多人不知道的是其经济实力以及富裕程度远高于有盛唐之名的唐朝。

据经济学家麦迪逊给出的数据证明，当时宋朝的GDP总值比例约占世界总量的百分之二十二点七，其财力可见一斑。著名历史学家漆侠先生曾指出："在两宋统治的三百年中，我国经济、文化的发展，居于世界的最前列，是当时最为先进、最为文明的国家。"

一个国家财力再强盛，但军事力量薄弱，终究还是避免不了被他国吞噬的危险。1127年，也就是靖康二年，金朝南下攻取北宋首都东京。金人一路烧杀抢掠，更是掳走了徽、钦二帝，还有大量赵氏皇族、后宫妃嫔与朝臣等共三千余人。东京城，一时成为人间炼狱。

"靖康耻，犹未雪，臣子恨，何时灭！"靖康之变，让一个极其富强的宋王朝，突然分崩离析，绝大多数人尚未来得及反应，它就已经迅速跌落至谷底。这也是中国历史上最令人感到耻辱的事件之一。

靖康之变后，宋徽宗第九子康王赵构幸免于难，1127年，赵构定都南京应天府，延续宋统，史称南宋，1138年，迁都临安府（今浙江杭州）。在这之后，无数仁人志士都在为北伐收复失地而努力。

有那么一个人，把一腔热血都奉献给了北伐事业，却奈何壮志未酬身先死。他就是辛弃疾，人称大青兕，一头凶猛的犀牛。

01
从小立志，上阵杀敌

当金国的旌旗插遍整个中原大地时，有骨气的人选择以死殉国，也有人选择忍辱等待时机报仇雪恨，还有人选择苟且偷生偏安一隅。辛赞，便是其中的后两者。或是为了日后的雪耻，或是为了"苟且偷生"，辛赞接受了金国授予的职位。

1140年，辛弃疾在山东济南出生，此时距靖康之难已过去整整十三年。他出生那日，举家欢庆，最开心的就是爷爷辛赞了。

因为自己的软弱，不得已苟且偷生，于是他把所有的希望都寄托在这个小婴儿身上。他给他起名"弃疾"，与"去病"相称相对。一方面是希望他日后能健康成长，百病不侵；而另一方面则是希望这个小男孩未来能和霍去病一样收复失地，有一番大作为。

而这个小男孩，长大后也确实没有辜负这个名字。1140年，也就是辛弃疾出生的那一年，南宋的国土也岌岌可危。岳飞奉命抵抗金人，却没想到被奸臣秦桧陷害导致失去了性命。从此，南宋北边的疆土无人可守，而山东正是南宋北边的疆土之一。

从小生活在被金人统治的土地上，目睹了百姓是如何屈辱地活着的，再加上爷爷和父亲的教育，辛弃疾自幼便立志要报效国家。从儿时起，辛弃疾便日日练武、钻研兵法，为日后上阵杀敌做好准备。

根据《济南府志》记载：听闻耿京在梁山泊起兵抗金，二十一岁的辛弃疾毫不犹豫地变卖了济南的家产，招募两千士卒，前来投奔耿京。耿京非常器重他，更是将义军的大印交给他来掌管，一时间这支队伍竟成了山东境内规模最大的起义军。对于这段经历，辛弃疾后来在他的一首词《鹧鸪天·有客慨然谈功名因追念少年时事戏作》中有所记录：

> 壮岁旌旗拥万夫，锦襜突骑渡江初。
> 燕兵夜娖银胡䩮，汉箭朝飞金仆姑。
> 追往事，叹今吾，春风不染白髭须。
> 却将万字平戎策，换得东家种树书。

我年轻的时候带着一万多的士兵、精锐的骑兵渡过长江。金人的士兵晚上在准备着箭袋，而我们汉人的军队一大早向敌人射去名叫金仆姑的箭。这首词正是当年他带领义军与金人作战的场面。

在中国历史上，以武起事，但最终却以文被大家广为称颂的人有很多，但辛弃疾却是其中最出色的一位。

02
二十二岁，一战封神

这支骁勇善战的起义军终于被敌人盯上了，1162年，金国开始围剿沦陷区的义军。耿京的起义军面对强大的金国，再也无法支撑下去。

此时辛弃疾对耿京提出了这样一个建议：归顺南宋朝廷，以南宋朝廷为后援，继续坚持抗金。耿京接受了辛弃疾的意见，并派使者去见赵构，赵构欣然接受了耿京这支起义军。不仅对起义军的首领封官加爵，而且还派人随辛弃疾奔赴山东指导工作。

当辛弃疾准备回山东时，传来噩耗，耿京被叛徒张安国杀害，义军被迫解散。辛弃疾痛心疾首，回到山东后立马和自己的两位兄弟，率领五十位死士为耿京报仇。

二十二岁的辛弃疾，最后在金营中活捉了张安国，连夜押回了建康（南京）。这一次行动，让他一战封神。建康城的百姓都以为是上苍开恩，为大宋降下了一位有勇有谋的大将，能带领他们上阵杀敌，收复失地。

然而辛弃疾未曾想到的是，他接下来走入的不是自己理想中的广阔天地，而是消磨这一梦想的漫漫长夜。

03
热血渐凉，隐居创作

归附南宋后，辛弃疾一直未被委以重任，而朝廷似乎只想让他在后方做一个救火队员。但辛弃疾心心念念的却始终是那遥不可及的北伐大业。他在任期间，一次又一次上书，曾写下多篇有关抗金北伐建议的文章，比如《美芹十论》《九议》等。尽管这些建议书很有价值，但朝廷基本没有回应，每次上书都石沉大海。

1175年,辛弃疾路过江西万安时,在赣江畔听到了鹧鸪"行不得也,哥哥"的叫声,一时感慨,写下了那首我们熟知的《菩萨蛮·书江西造口壁》:

郁孤台下清江水,中间多少行人泪?
西北望长安,可怜无数山。
青山遮不住,毕竟东流去。
江晚正愁余,山深闻鹧鸪。

郁孤台下这赣江的水,水中有多少行人的眼泪?我举头眺望西北的长安,可惜只看到无数青山。但青山怎能把江水挡住?江水毕竟还会向东流去。国家沦亡之创痛和收复无望的悲愤之情一时间跃然纸上。

1180年,辛弃疾南归后的第十九年,他终于有机会可以自己组建军队,人数不多,只有两千五百人。但辛弃疾对这支队伍寄予厚望,投入了自己的全部精力,希望这支军队日后能够扩大,成为北伐军的基础。奈何奸臣当道,有人弹劾他"用钱如泥沙",这支刚组建一年不到的军队最后被迫解散。

其实,当时南宋的皇帝不愿北伐。在当权者心中,靖康之耻后沦陷的半壁江山,远远比不上在临安的一把龙椅。他们只想偏安一隅苟且偷生,自然不会投入金钱培养军队。虽心有万千抱负，但奈何没有明主相待，辛弃疾满腔的热血被现实一点一点浇灭。

是年，四十岁的辛弃疾前往江西任职。后来他在当地给自己建了一个庭院，准备安置家人定居。他对家人说："人生在勤，当以力田为先。"于是，他把自己的庭院取名为"稼轩"，从此自称"稼轩居士"。多年的宦海沉浮，让他看透了当今朝廷，因此准备隐居。

没想到的是，那一年，他又遭奸臣弹劾被罢了官。从此，辛弃疾便在这里真正开始了他的隐居生活，一直赋闲有二十年之久。这期间他创作了大量诗词。他是天生的将种，却生生地被逼成为一个词人。他只能把自己满腔的抱负，写在一首首词中。

如果人生可以重来，我想辛弃疾还是不会选择成为一个词人，因为他毕生的梦想就是当一个将军，收复旧山河！也就是在这段时间，辛弃疾写下了脍炙人口的《破阵子·为陈同甫赋壮词以寄之》：

> 醉里挑灯看剑，梦回吹角连营。
> 八百里分麾下炙，五十弦翻塞外声。
> 沙场秋点兵。
> 马作的卢飞快，弓如霹雳弦惊。
> 了却君王天下事，赢得生前身后名。
> 可怜白发生！

陈同甫何人也？他也是南宋著名的爱国志士，同时也是思想家和文学家，后改名为陈亮。他曾八次上书南宋皇帝不该苟安东隅。皇帝想授予他官职，他不接受；权臣想笼络他，他竟然爬墙逃走。没想到回乡后就以"言语犯上"罪名被逮捕。

一次，陈同甫前来拜访辛弃疾，快到目的地时一条小河挡住去路，三次驱马，马都不肯过桥，一直往后退。最后陈同甫挥剑斩马，自己赤脚过了河。辛弃疾恰好看到这一幕，非常惊讶，后来二人携手入室，开怀畅饮，品评天下大事。陈同甫想说服辛弃疾出山，和他一起起兵北伐，但此时的辛弃疾早已心灰意冷，拒绝了陈同甫的请求。

陈同甫走后，辛弃疾很难过，其实他的热血还未完全冷透，只是自己有心无力罢了。与陈同甫分别后，两人你来我往，相互作词，抒发情感，表达己见。而那首大家耳熟能详，也是他代表作的《破阵子·为陈同甫赋壮词以寄之》就是在这时候写出来的。辛弃疾不知道什么时候才能实现自己的理想，但我想，他一直在努力让自己不要遗忘。

04
暮年上阵，无力回天

1206年，南宋宰相韩侂胄决定北伐，这一消息再次燃起辛弃疾心中仅剩的那一点小火苗。但后来辛弃疾发现，这一次北伐准备得很不充分，韩侂胄所谓的北伐也只是为了个人利益，再加上南宋朝廷内部出了叛徒，最终北伐失败。

没来得及走上战场的辛弃疾，登上了北固亭，写下了千古名词《永遇乐·京口北固亭怀古》：

> 千古江山，英雄无觅孙仲谋处。
> 舞榭歌台，风流总被雨打风吹去。
> 斜阳草树，寻常巷陌，人道寄奴曾住。
> 想当年，金戈铁马，气吞万里如虎。
> 元嘉草草，封狼居胥，赢得仓皇北顾。
> 四十三年，望中犹记，烽火扬州路。
> 可堪回首，佛狸祠下，一片神鸦社鼓。
> 凭谁问：廉颇老矣，尚能饭否？

人到暮年的辛弃疾，竟只能以廉颇自比，可想而知，他的心中是何等悲凉与无奈。这二十多年，虽一直赋闲，但他始终在等待着报国时机。

也许是上苍被辛弃疾感动了，终于让他等到了这个机会。在他等待了四十多年后，在他六十七岁那一年，他终于可以穿上盔甲、拿起抚摸了无数次的宝剑，堂堂正正去指挥南宋的正规军队。只可惜，当诏书抵达，一切为时已晚，辛弃疾已病重卧床不起。也就是在那一年,六十七岁的辛弃疾病逝。

还记得他那首著名的《青玉案·元夕》吗?"众里寻他千百度,蓦然回首,那人却在灯火阑珊处。"时隔多年,人们才真正明白这句词的意思。灯火阑珊处的那人,不就是辛弃疾自己吗?朝廷、百姓,他们终于在灯火阑珊处寻到他了,可惜他却早已英雄迟暮。有心杀贼,但已无力回天,据说在临终时辛弃疾还大呼:"杀贼!杀贼!"

纵观辛弃疾这一生,他满腔的抱负,终究只能随着那一抔黄土深埋地下。文能提笔安天下,武能上马定乾坤。他悲壮得让人荡气回肠,他执着得让人心痛不已。一位壮志未酬的爱国将领,一位拍遍栏杆的沙场英雄,好一个气壮山河的辛弃疾!

正气歌：天地有正气

> 天祥至潮阳，见弘范，左右命之拜，不拜，弘范遂以客礼见之，与俱入厓山，使为书招张世杰。天祥曰："吾不能捍父母，乃教人叛父母，可乎？"……厓山破，军中置酒大会，弘范曰："国亡，丞相忠孝尽矣，能改心以事宋者事皇上，将不失为宰相也。"天祥泫然出涕，曰："国亡不能救，为人臣者死有余罪，况敢逃其死而二其心乎。"弘范义之，遣使护送天祥至京师。
>
> ——《宋史·文天祥传》

康熙被誉为"千古一帝"，心志之坚定自不用说，可他竟然每每因一首诗而落泪。在《古文评论》中，康熙更是对这首诗做出了高度评价，并说："朕每于披读之际，不觉泪下数行。"

这首诗的作者是我国历史上忠君爱国的典范，也是留下了许多不朽诗篇的大诗人。他的千古名句"人生自古谁无死，留取丹心照汗青"一直传诵至今，家喻户晓。他就是南宋末期著名的爱国诗人、民族英雄——文天祥。而那首让康熙皇帝都垂泪的诗，叫作《正气歌》。

01
囚体炼心，正气长存

《正气歌》是文天祥用来给自己明志的一首诗。全诗用五言古诗的形式写就，篇幅很长。由于诗句间的感情炽烈，韵律的运用也极致完美，此诗朗朗上口，毫无晦涩冗长之感。

按说，这么一篇近乎完美的作品，应该是作者在从容不迫的情况下，用最好的写作状态才能完成。可实际上，当时的文天祥不仅生活环境恶劣，就连生命也随时可能失去。

在《正气歌》的序言里，我们就能得知，他当时的处境多么危险。那时，他因为拒不归顺元朝，已经被关押两年了。所住的牢房不过是一间土屋，又窄小又肮脏。

每天，文天祥都要面对潮气、土气、日气、火气、霉气、臭气、秽气等七气的侵袭。生活在如此恶劣的环境之中，文天祥根本没法维持自己的形象仪表，就连身体也变得越来越虚弱。

要知道，曾经的文天祥，可是内外兼修的典范。他的文采自不必说，个人形象在史书中也有着浓墨重彩的记载。《宋史》中说他"体貌丰伟，美皙如玉，秀眉而长目，顾盼烨然"。可见文天祥生得高大健美、皮肤白皙、五官精致。而他平时的生活也很讲究："性豪华，平生自奉甚厚。"看得出来，文天祥很注重衣食住行的品质，绝不胡乱凑合。

曾经的"青年才俊"，如今成了蓬头垢面、勉强活着的阶下囚。换了别人，恐怕早就崩溃或是归降了，可是文天祥没有。究其原因，就像他在《正气歌》中所说的一样："彼气有七，吾气有一。"

心中有正气，文天祥身体羸弱却不染病，牢底坐穿仍不妥协。靠这一气就可抵御七气，文天祥无所畏惧。

02
年少立志，忠义无双

《宋史·文天祥传》记载："自为童子时，见学官所祠乡先生欧阳修、杨邦乂、胡铨像，皆谥'忠'，即欣然慕之。"可见，文天祥从很小的时候，心中就已经培养出了正气。这要感谢他的父母、师长。

文天祥的父亲文仪，是一位举世闻名的饱学之士。可是他一生只读书不出仕，给孩子们树立了淡泊名利的榜样。文母曾德慈，也是出身于耕读传家的名门。她深明大义，一向爱子教子，却不宠子。文天祥在狱中回忆母亲时曾写道："母亲曾教我忠，我不违母志。"

在良好家风的影响下，做人立身要正的理念，很早就扎根在文天祥的心里。许多人在社会大染缸里拼杀过后，也许早就忘了儿时的志向。见识的世界越大，看到的精彩越多，就越容易迷失自我。如果没有人帮助和引导，很容易误入歧途，形成错误的三观。好在文天祥在成长的关键阶段，遇到了一位好老师。

他在二十岁时，进入著名的白鹭洲书院学习，师从欧阳守道。欧阳守道学识渊博，为人刚正。《宋元学案》称他为朱熹的再传门人，文天祥也敬他为"一世宗师"。文天祥在与他朝夕相处了一年后，彻底巩固住了一身正气。也因此，虽然求学时间不长，文天祥却受用一生。每每提起自己，都称"某青原白鹭书生耳"。

欧阳守道死后，文天祥在祭文中写道："先生治学，求为有益于世用，而不为高谈虚语。"这也是文天祥做事的准则。而"及其为人也，发于诚心，摧山岳，泪金石，虽谤兴毁来，而不悔其所为"，又被文天祥当成了做人的标准。

于是，当元朝大军已经攻打到了长江上游时，文天祥毫不犹豫挺身而出。他变卖家产，拉起了一支万人队伍进行抵抗，以实际行动响应朝廷的勤王诏令。

朋友劝他不要去，毕竟这群人根本没什么战斗力，此战必败。文天祥却回答："我当然知道这是以卵击石，可是大家都不敢去，那怎么保卫国家呢？希望我能以殉国的方式，唤醒更多人奋起抵抗。"

在国家危亡之际，文天祥给敌我双方都上了一课，告诉所有人何为忠义无双。他明知道，为此会付出前途、财富，甚至是生命的代价。可唯有如此，才能践行自己的信念。

03
舍生取义，问心无愧

虽然文天祥等一批有识之士持续抗元，但南宋气数已尽。

文天祥被俘虏后，凛然无惧，拒不跪拜。元朝大将张弘范久闻文天祥的才名和忠勇，此番得见，更是被他的气度折服。于是，张弘范不仅对文天祥礼遇有加，还恳请他写信劝降厓山守军，希望少动刀兵。

文天祥却对张弘范说："我失去了保卫父母的能力，怎么可能再去劝别人叛离父母？"就这样，文天祥写下了流传千古的名诗《过零丁洋》，勉励厓山守军死战到底。

张弘范不仅没生气，还珍藏起了这首诗，又诚恳劝文天祥归顺元朝。文天祥明白一生所学还有用处，可是仍斩钉截铁地回应道："身为人臣，国破家亡不能救，已是死罪，怎么能为了偷生去归顺敌国？"

此时的元朝正是用人之际，文天祥的忠义、才干，绝对符合栋梁之材的标准，张弘范不希望忽必烈错失这样的人才。恰逢元朝大臣王积翁也向忽必烈进言："南宋没有比得上文天祥的人。"于是，为了说服文天祥效力于元朝，张弘范派人把他送到了北京。自此，文天祥开始了长达三年被监禁、劝降的牢狱生涯，再也没有获得过自由。

在这三年里，忽必烈多次威逼和利诱文天祥，想尽一切办法要把这个人杰纳为己用。知道他不怕死，就拿他的家人来做文章。

一天，文天祥在狱中收到一封家人来信，得知妻女都在元朝宫中为奴。只要他愿意归顺元朝，不仅家人能够团聚，还能享受高官厚禄。

可是这没有磨灭文天祥的正气，他含泪回信："人谁无妻儿骨肉之情？但今日事到这里，于义当死，乃是命也。"信的最后，唯有"泪下哽咽"一句。

眼看着文天祥软硬不吃，忽必烈亲自去招降，得到的回答还是：唯求一死耳。

这样的文天祥，无论是才华还是人品，都彻底得到了对手的尊重。而除尊重之外，还有深深的忌惮。

于是，忽必烈在放与不放中纠结许久，还是下了处死文天祥的命令。忽必烈为此痛心不已，大呼"我是真舍不得杀他啊"。

行刑前，文天祥向南跪拜，最后说了句"我的事已经做完了"。他在衣服中留下了绝笔："先贤都说仁至义尽，我既然读圣贤书，而今舍生取义，也就问心无愧。"

此时宋朝已亡，所以文天祥跪的并不是皇帝，而是做人的道义、天地的至理。他本可求生，却以死来弘扬信仰和正气。

文天祥在《正气歌》中赞美心目中的英雄时，自己也已经步入了他们的行列。这不是书生意气，也不是国士愚忠，而是大丈夫在世，当有所为有所不为。

在时运艰危的时刻，义士义举垂于历史，这是真正的气节与信念，是超越了个人得失、世俗名利，能凌驾于生命之上的人性之光。

文天祥一首《正气歌》，使得正气浩然长存，死而不休。